高校语文教学的创新方法研究

蔡丽平 ◎ 著

吉林出版集团股份有限公司

图书在版编目（CIP）数据

高校语文教学的创新方法研究/蔡丽平著. — 长春：
吉林出版集团股份有限公司，2023.8
ISBN 978-7-5731-4173-6

Ⅰ.①高… Ⅱ.①蔡… Ⅲ.①大学语文课－教学研究
Ⅳ.①H19

中国国家版本馆CIP数据核字（2023）第160509号

高校语文教学的创新方法研究
GAOXIAO YUWEN JIAOXUE DE CHUANGXIN FANGFA YANJIU

著　　者	蔡丽平
责任编辑	滕　林
封面设计	林　吉
开　　本	787mm×1092mm　　1/16
字　　数	170千
印　　张	15.5
版　　次	2023年8月第1版
印　　次	2023年8月第1次印刷
出版发行	吉林出版集团股份有限公司
电　　话	总编办：010-63109269
	发行部：010-63109269
印　　刷	廊坊市广阳区九洲印刷厂

ISBN 978-7-5731-4173-6　　　　　　　　　　　　　　定价：78.00元

前　言

当今世界的经济竞争，主要是科技竞争。科技竞争表现为教育竞争，教育则体现在人才培养、智力开发上。思维是人智力结构的核心，所以，世界的竞争，归根结底是思维的竞争。只有具备先进的、科学的思维，才能在竞争大潮中立于不败之地。

教育既是一门科学，又是一门艺术，学科教育学不仅要研究学科的教学理论问题，而且要从教育学的基本原理出发，从培养人的高度来讨论学科教育的问题。在人的智力结构中，思维居于核心地位，是整个智力活动的最高调节者，给各种智力活动以深刻的影响。人类依靠思维能力，去认识世界、改造世界，创造了光辉灿烂的物质文明和精神文明。

高校语文因其学科本身的工具性、人文性和综合性特征，铸就了它有别于其他学科的丰富内涵与深厚情怀。人们工作、学习、生活的任何内容都与语文息息相关。通过语文的学习，尤其是高校语文的学习，不仅能提升学生的思维力与创造力，还能增强学生的文学鉴赏力与审美力，同时，语言运用能力的提升会使学生的精神世界更加丰富，情商更高，人格更完善，其作用不可低估。但是，在实际教学过程中，高校语文教育教学却面临着严峻挑战。课程建设滞后、课时安排短缺、师资力量薄弱、教学手段单一、教学方法陈旧、师生兴趣不高等问题依然存在，有的高校甚至砍掉了高校语文课程。面对新时代素质教育的要求和高校人才培养模式改革以及创新型人才的社会需求不断加深，如何更加科学有效地开设好高校语文这门事关中华民族优秀文化传承和新时代创新人才综合素质提升的文化基础课程，是一项值得不断探索的新课题和十分有意义的教育创新工程。

本书主要研究高校语文教学的创新方法方面的问题，涉及丰富的高校语文教学知识。主要内容包括高校语文基础知识、高校语文教学的创新思维、高校语文创新教学基本原则、高校语文教学方法与教学过程、创新阅读教学、创新写作教学、高校语文和谐课堂教学等。本书在内容选取上既兼顾到知识的系统性，又考虑到可接受性，同时强调语文教学技能的应用性。本书涉及面广，技术新，实用性强，使读者能理论结合实践，获得知识的同时掌握技能，理论与实践并重，并强调理论与实践相结合。本书兼具理论与实际应用价值，可供相关教育工作者参考和借鉴。

由于笔者水平有限，本书难免存在不妥甚至谬误之处，敬请广大高校界同仁与读者朋友批评指正。

蔡丽平

2023 年 3 月

目　录

第一章　高校语文概述

第一节　高校语文的性质

语文是"语言""文字"与"文章"的统一，是人们交流思想、传递信息、获取知识技能不可或缺的手段。由此可见，语文的工具性、人文性和综合性便成为它的本质属性，包括高校语文。

一、工具性

工具性是高校语文的基本特征，在进行高校语文教学时，教材发挥着较为重要的作用。教师按照课程要求设计教学内容，使教学具有一定的科学性，从而使高校语文课程体现出工具性的特点。由于语文具有较强的实践性，在生活、学习中被广泛应用，并且还具有向其他科目渗透的趋势，因此，获取知识、养成良好的学习习惯是开展高校语文教学工作的主要目的。例如，学生学习过诗歌部分的内容之后，就能够了解对仗、押韵等诗歌特点，并能够在写作时应用这样的诗句，进一步提高语文应用能力。另外，良好的语文习惯是通过大量练习得来的，练习时主要依托的是语文教材，所以，语文教材便为高校语文教学工作提供重要依据。

语文教材具有德育能力，学生在学习中能够形成良好的人生观、价值观和世界观，并对人格品质的形成有一定的影响。由于教材内容中含有爱国主义色彩，学生学习这一类文章能够形成爱国情怀，例如，《苏武传》《祖国，我亲爱的祖国》等文章，能够发挥出工具性的作用，激发学生的爱国感情，感受中华文化。另外，高校语文中不少文章蕴含丰富的哲理，能够发挥人生指导作用，使学生在学习中了解为人处世的方式，提高教学的有效性。

语言作为交流的工具，其内容具有大量的信息和知识，高校语文作为一门语言类课程，能够潜移默化地影响学生的文学能力，使学生能够在提高文学能力的同时，启迪思想智慧。在教学的过程中，传统文化的弘扬和人文精神的塑造也是通过高校语文的工具性而实现的。例如，教师在带领学生进行写作练习时，学生会运用文字将自己的真情实感表达出来，鉴别假丑恶，弘扬真善美，使学生的语文综合能力得到进一步提高。

高校语文教材中的内容十分丰富，怎样才能转化为学生的能力，还需要教师在教学中对课程内容进行合理分析整理，为不同需求者提供思想文化与语言技巧的丰富内涵与取向标准。但能否顺利实现工具性所体现出的文化与技巧功能，还取决于学生本身的兴趣爱好与教师实施的方式方法。

由于高校学生的语文综合能力参差不齐，传统的教学方法会按照大部分学生的学习能力进行教学，导致部分学生语文成绩得不到提高，甚至失去了学习兴趣。为了合理利用语文教材，教师需要先了解学生的语文综合实力，并使用适当的方法进行教学，引导学生进一步了解语文课程，使学生逐渐树立正确的审美意识。另外，在教学的过程中，教师会对优秀作品进行重点讲解，使学生能够潜移默化地提高语文综合素养，教师在教学中有针对性地对学生进行指导，能够帮助学生感受高校语文中的美，使之树立健康的心态，掌握生动形象的语言表达技巧，从而发挥出高校语文课程的工具性作用。同时，教师在授课时，还需要先了解教材的整体结构，并根据教学需求设计教学内容，保障教学工作能够满足不同学生的发展需求。但由于部分教师对这一工作的重视程度不够，没有丰富教学内容，导致高校语文教材没有发挥出工具性的作用，为了改善这一现状，需要提高教师的教学水平与重视程度，并根据学生的兴趣爱好、学习情况合理设计教案，使语文教学工作起到培养全面人才的作用。

二、人文性

人文性能够体现出人类文化精神，是文化精神和价值理想的统一。人文精神是以积极的价值信仰确定生命的意义，以正确的伦理观念培育人际关系，以崇高的理性精神探索存在的规律，以自觉的公民意识参与社会事务，以坚定的文化自信传承民族传统，以高尚的审美理想创造美的世界。

人文性的内涵是将真善美作为核心价值追求，推动人类文明进程发展。大部分高校语文教材在编写时将汉语言文学的发展历史、民族文化等内容融入其中，使语文具有特定的人文性，学生在学习时，能够感受到文章内容中的文化内涵，促进学生形成健全的人格品质，达到高校语文教学的目的。另外，高校语文课程内容中包括大量的历史、文化、哲学等文章，学生在学习时能够感受到中华文化的博大精深，能够满足学生的学习需求，进一步提高其语文综合能力。学习高校语文教材的部分非中文专业的学生，对语文课程的兴趣不高，为了达到教学的目标，需要教师以提高学生整体文学素养为教学目的，对学生进行诱导教学，带领学生从多角度对优秀作品进行分析，使其能够感受文学作品的魅力，并得到感悟和熏陶。例如，在设计语文教学课程时，教师可以将文本中的人文特性进行分类，如仁爱、乡愁、自然等，通过这样的方法进行分类，让学生能够同时学习到不同类型的作品，并激发学生内心的情感，强化学生对主题的认知。

语文教育是指导学生学习中华文化的主要活动，语文教材在编写时为了达到素质培养的要求，按照文体结构形式进行分类，例如，徐中玉把教材分为十二个单元，学生在学习这一教材内容时，能够快速了解不同单元的结构模式、主体内容，使单元主题结构具有人文性特点，进一步提高学习效率；夏中义版的教材以人文性为主线，将课程内容分为十六个单元，为每个单元设计一个主题，并在文章之后增加相关链接，达到丰富学生语文综合能力的目的，同时也达到培养人文素养的目的。另外，部分教材在编写时按照文学结构进行编写分类，如彭光芒版的教材按照发展顺序进行分类，使学生在学习时能够进一步了解文史知识，由于这一形式的教材较为系统，并具有人文性，能够帮助学生了解不同时期语文的发展情况，进一步提高语文教学效率。学生在进行学习时不仅能够提高其写作、表达能力，还能够通过文学作品提升民族认同感，了解中华文化中的人文性。

语言作为重要的思维工具，具有五千年的历史，是中华儿女的根。高校教育对个人的思维发展有一定的影响，由于高校语文教材中具有人文性的特点，能够承载其他教育意义，但由于部分教师对引导学生学习民族文化的重视程度不高，导致语文教学降低了有效性。为了改善这一现状，需要教师提高重视程度，并按照教材内容、设计方式进行教学引导，进一步提高学生的民族感，使学生成长为具有民族感的人，达到开展高校语文教育的目的。另外，由于高校语文教材在编排时按照不同类型进行整理，能够提高学生的语文综合能力。但部分学生在学习一段时间后，会产生枯燥感，为了改善这一现状，提高语文教学的有效性，需要在教学时按教材结构合理设计课程，提高学生的学习兴趣，发挥出高校语文中人文性的特点。

三、综合性

学生在高校阶段主动进行语文课程知识的学习，并成为学习的主导者与实施者，知识面不断拓展，综合素养不断提升，这一过程能够体现出高校语文的综合性。语文学科中内容多样化的特点，使学习这一内容能够达到文化传承的目的，升华学生的文化精神。高校语文学科具有教育职能，教材内容包括文化、文学、哲学、历史、宗教等综合性内容，从文学的角度对高校语文教材进行分析，能够发现其中存在大量经典文学作品，使教材内容呈现出传统文化精髓。由于中国古代道家、儒家思想对文学有一定的影响，部分经典作品能够体现出其思想，因而学生在学习时，能够感受到天人合一，发挥出高校语文教材的综合性特点。另外，由于传统思想文化在今天依然具有较为重要的意义，因而在高校阶段学习语文时，能使学生接受到传统文化的熏陶感染，提升自身语文综合能力。加之教师合理使用语文教材内容，结合历史文化的拓展引领，更能体现出高校语文综合性优势。例如，在设计《乡愁》这一课程时，为了激发学生的学习兴趣，教师需要在课程中融入政治、历史、地理等方面的知识，使课程具有拓展学生思维的意义。

由于中华传统文化将人生境界与审美境界联系起来，文学作品能够传达出这一内容，高校学生在进行语文学习时，能够感受到作品中的魅力，发挥出作品的优势。教师在进行课程内容讲解时，将文学作品内容含义延伸到社会生活中，达到精神文化传承的目的，发挥出语文教材综合性的意义。此外，教师在进行教学时，为了使学生进一步了解文本含义，会在讲解时引入实例，并创建相关的文学情景，提高学生的民族情感，帮助学生树立正确的人生态度，提高教学的有效性。高校语文课程具有不同的特点，并且语文教育的目的是育人，因而在进行教学设计时，需要对课程内容特点进行统一，并使用适当的方式进行教学，发挥出语文课程的综合性优势。

语文是一门综合性较强的学科，良好的文本分析能力能够提高其他课程的学习效率，直接影响其他课程的学习质量。人们生活、工作中都需要运用语文，高校学生虽然在先前学习阶段接受了 12 年的语文教育，但为了推动学生进一步发展，为今后的工作奠定良好的基础，需要在高校阶段继续学习语文。例如，历史中具有重大成就的科学家，不仅专业领域优秀，还具有较强的文学鉴赏能力与良好的文字表达能力，保障其能够应用合适的语言表达研究成果，从而体现出语文的综合性和重要性。另外，学生在进入社会工作时，需要用语言陈述自身观点，表达自己的不同见解，可以说，学习、工作、生活的方方面面语文知识都无处不在、不可或缺。一个能说会写的人无论在哪个行业都会受到重用，考察一个人的综合素质少不了必要的语文知识。部分教师在教学的过程中，为了提高学生的语文综合能力，在教学时将教学内容进行完善，并将其他知识内容与教材进行融合，进一步提高教学质量，体现出高校语文的综合性特点。

第二节　高校语文的特点

一、知识结构的整体性

高校语文课程之间的教学要点、内容等部分存在一定的联系，并形成相对独立的体系，包含了大量的语言、文学、哲学、历史、宗教、道德等知识，高校语文教材就是针对以上知识体系设计的具有系统性的教学用书。运用这一教材设计教案、课时，能够将总体学习目标与阶段性目标联系起来，从而体现出高校语文的整体性特征。虽然高校语文教材有不同版本，并且编者不同，教材结构划分、重点内容设计存在差异，但其知识结构整体性的特点是不能或缺的。例如，王步高版本的教材按照文学史结构进行编写，其中的小说部分，将文本按照时代进行划分，学生在学习时能够了解不同时段文学的发展情况、写作风格，进一步提高了学习的有效性。而且，学生在学习之后自主学习小说类型的文章时，就能够自主分析文本写作风格、写作特点等内容，提高语文鉴赏能力。另外，高校语文教材为了体现知识结构整体性的特点，在对单元进行分类时，不同单元所体现的重点内容是不同的，教师在设计教学内容时，为了体现出知识结构整体性的特点，需要根据重点部分设计教学计划，学生在自主学习时，也能够重点学习重要内容，发挥出高校语文整体性的优势。但部分教材在设计时，没有将各个类型的文本综合整理，甚至部分教材的爱国主义情怀不强，难以达到培养学生爱国主义情感的目的，这是有待完善的地方。

高校阶段的语文教学时间较为灵活，可以贯穿整个高校课程体系，虽然学生具有一定的语文学习基础，但大部分学生对语文综合知识了解不深，提升不够，为了提高教学的有效性，使教材知识结构具有整体性，大部分教材编写人员将课程内容按照结构类型进行分类，教师能够有针对性地进行课程讲解。例如，在学习散文时，教师会根据教材知识结构引导学生总结散文的特点、写作手法等内容，并引导学生自主创作，达到提高学生写作能力的目的，推动语文教学工作进一步发展，达到提高学生综合能力的目的。虽然运用这样的方法进行教学能够提高教学整体性，但部分教材中缺乏主题，课文之间的联系不强，教师在进行教学工作时，需要耗费较长时间整理教学内容，降低了备课效率，因此，教材的改进仍需加大力度，以实现知识结构的科学性。

学习高校语文的大多数学生为非文学专业学生，语文综合能力不高，甚至存在语文知识短缺的现象，在按照知识结构进行教学时，为了提高教学有效性，发挥出知识结构的优势，教师需要在教学之前对这一部分整体结构进行分析，并为课程设定主题，使学生在教学中能够了解教学重点内容，进一步提高教学有效性。另外，由于部分学生对于古代文言文的学习兴趣不高，如果教材按照文学类型进行分类，会出现一段时间学生学习兴趣不高的问题。为了既避免这一问题发生，并且使知识结构具有整体性，需要在课程结构设计时，将文章类型进行穿插，使一单元中既有古代文又有现代文，调动学生的学习积极性，进一步提高教学有效性。在针对不同专业开设高校语文教学时，需要提高知识结构的整体性，并明确结构类型，根据学生的喜好进行设计，通过这样的方法设计教学内容，能够使学生转变对语文课程的态度，提高语文课程学习积极性，促进高校语文教学工作进一步发展。

高校语文课程教学的主要目的为培养学生的创造性思维，在教学时，教师会引导学生积极思考，并鼓励学生提高学习积极性，提高教学有效性。在教学过程中，教师可以设计开放性答案的问题，并引导学生进行整理，进一步提高教学的有效性，促进学生思维能力发展。

二、文选内容的经典性

高校语文的课程性质和学科定位，是高校语文课开设以来一直讨论的中心话题。高校语文与中学语文的区别，在高校学科系统中的地位，以及其在学生知识构成中的作用等，成为准确把握高校语文教学所要解决的前提。高校语文选文中具有的工具性、文学性、美育性、文化性、人文性、思想教育作用等功能，能够达到情感陶冶的目的，并发挥出选文的经典性。开设高校语文教育的主要目的为提高高校学生的文化素质，在其中融入大量经典选文，不仅能够满足时代发展的需求，还能够体现出时代价值与社会意义，通过这一阶段的教育，高校学生能够熟悉和掌握传统经典，达到素质教育的目标。并且高校阶段语文教学内容较为重要，能够推动学生进一步提高自身综合能力，但部分高校目前使用的教材为通用本，由于使用时间过长，其中内容大都是古代文学作品，虽然这些内容较为经典，但由于部分学生对语文学习兴致不高，教材内容难以满足学生个体学习需求，导致课堂与学生之间存在一定的距离感，降低了学生的学习兴趣。学生在学习中对小说类的作品较为感兴趣，为了提高教学的有效性，需要教师引入经典作品的同时，融入现代优秀作品。例如，2017 年由北京十月文艺出版社出版的《一只特立独行的猪》一书较为受欢迎，并且其内容能够满足教学需求，为了使教学内容保持与时俱进的状态，并提高教学有效性，可以将这一作品融入教学课程中，使教学增加趣味性，从而提高教学效率。目前使用的高校语文教材中，陈洪版教材中的古代文学比重较小，但其古文内容较为经典，能够满足学生的学习需求，因而不需要再增加这一类型的文本内容。

在教学改革不断推进的背景下，高校语文教学为了能够进一步发展，在选择教材时对选文内容进行了分类整理，并按照学生的喜好选择教学内容。例如，在对具有时代感的内容进行整理时，需要先将内容按照经典性进行分类，并将国内外优秀的文学作品融入其中，提高高校语文教材的有效性，为教学工作提供依据。在整理教学内容时，教师可以先将教学内容进行分类，并更换部分文选内容。教材部分内容虽然具有经典性，但由于难度较高，无法为学生进行系统的知识讲解，为了改善这一现状，需要优化教学内容。例如，陈洪版的高校语文教材内容分配较为合理，其中选入了较多经典文学作品，如《秦腔》《语言的功能障碍》等，这些既具有优秀文化传承性又能提高学生模仿能力的优秀选文就具有较强的感染力，因而在教学时能够提高教学有效性。

由于高校语文教材编写人不同，其编写思路、编写方法存在一定的差异，在其中应用的选文经典性不同，发挥出的有效性也存在差异，例如，徐中玉版的教材内容注重提高学生能力，内容开放性较强，学生能够应用这一教材提高自身语文综合素养；王步高版的教材在编写时添加了脚注，对部分较难的内容进行了整理，能提高学生的阅读效率，并且由于其对语文综合能力较为重视，因而在进行教材编写时，将不同类型、不用结构的文本引入其中，并且选择的文本内容较为经典，学生在教师的指导下，能够了解文本的内涵，进一步提高教学效率，使教材能够满足学生的学习需求。

　　由于高校学生已经接受较长时间的语文教育，并已经形成了一定的文学素养，具备文章分析能力，但高校阶段的语文教育的主要目的是进一步提高学生综合能力，教材中部分内容难以满足学生的学习需求，为了能够进一步提高教学的有效性，需要教师在授课之前对教材内容进行整理，并删掉部分不够经典的文本，引入能够满足教学需求的文本，提高教学质量。另外，由于部分教师的语文综合能力不强，文学积累不足以丰富教材内容，为了改善这一现状，发挥出语文教材的优势，需要教师努力提高自身语文水平，加强教学信息反馈，改进教学方法，提高教学有效性，推动教学工作进一步发展。

三、人文精神的隐含性

　　高校教育具有人文素质教育的责任，进行人文教育能够使学生了解到人生的价值与自由意识，我国人文教育在发展中经历了化民成俗、转识成智的过程，并不断丰富人文精神，因而高校语文教学具有培养健全人格的目的。例如，高校语文《八声甘州》这一课程中，虽然高中语文中包含了这一课程，但高校教学中对借事抒情进行了深层次的讲解，表现出了课程中的隐含性。高校语文教材对教学质量有一定的影响，但由于部分教师对课程人文性的重视程度不高，导致课程中存在古文过多、课文内涵分析不深刻的问题，导致教学缺乏有效性。为了改善这一现状，发挥出课文人文精神的影响力，需要在备课时了解课文的内涵，并设计教学内容。例如，为了达到提高教材整体质量，并提高学生学习兴趣的目的，需要将诗词、散文、戏曲中的人文性进行分析，并进行分类整理，使学生能够在学习中提高语文综合能力，发挥出高校语文课程的有效性。为了提高教材内容的人文精神，需要在设计时引入大量的古代文学作品，提高教材设计的有效性。高校语文课程具有基础性的特点，高校阶段需要学习这一课程的学生为理科生，其对于中国历史文化了解不足，因而在教学时，存在难以提高学生学习兴趣的问题，为了改善这一现状，可以在教材中增加科技说明文，将形象思维与抽象思维有机结合，让学生提高对其他领域的了解程度，进一步提高教学的有效性，提高学生的学习兴趣。

高校语文课程能够帮助学生了解社会，为其将来的职业发展奠定良好的基础，因而在设计课程内容时需要选择贴近生活实际的内容，使教学具有一定的时代感。例如，教师可以在设计教案时，将生活中的人文精神实例与文本联系起来，并按照学生的个性爱好选择篇幅短、内容精练的文章，在教学时教师加以引导，使学生感受人文精神中的隐含性，发挥出高校语文教育的意义，提高教学有效性。在网络快速发展的今天，网络作品质量不断提高，学生对其关注度较高，为了提高学生对课堂的关注度，可以在设计教学内容时适当将网络作品融入其中，引导学生分析作品优劣，提高学生对作品人文精神的了解程度，促进学生进一步提高语文综合能力。另外，应用这一方法设计教学内容能够引导学生关注社会生活，并产生一定的感悟，达到高校语文教学的目的。

高校语文教材在编写时存在一定的重复问题，并且部分课程内容与学生的实际学习能力不符，导致教学工作缺乏有效性，例如，部分高校语文教材中包含《锦瑟》《八声甘州》等内容，这些内容学生在高中阶段已经进行了学习。另外，由于部分教师在授课时引用的文章较类似，导致教学工作有效性不高，为了改善这一现状，需要教师日常多收集优秀文章，并在备课时引用较新的文献内容，进一步提高教学有效性，推动教学工作进一步发展。高校在选择语文教材时，需要先对学生的语文实际学习情况进行分析，并选择能够满足学生学习需求的内容，扩大应用范文的范围、类型，将教材中与高中内容相同的文章进行删减，在提高教学效率的同时提高教学有效性，进一步提高教学质量。

四、表达方式的审美性

高校语文教材将语言文学、文化知识进行整理，包含一定的思想文化内涵与审美价值。如前文所述，由于高校语文的教学对象为非中文专业的学生，虽然其对语言文学专业知识需求不高，但需要更进一步提高自身总体的文化素养，为其他科目的学习理解提供基础。教师在教学的过程中，需要提高引导力度，使学生能够通过学习优秀作品，提高审美感悟能力，并得到文化熏陶，推动高校语文教学工作进一步发展。

语文教育是学习祖国语言的方式，这一行为具有人际交往、文化传承的意义，高校语文教育将中华五千年的历史进行了汇总，学生在学习时，不仅能够提高语言运用能力，还能够提高语言表达的审美能力，并提升民族认同感。每个国家在开展教育工作时，都将本国语言放在重要位置。但随着国际竞争的日益激烈，人们对语文教育的重视程度不断降低，甚至部分高校中的语文科目被边缘化，高校语文作为弘扬中华文化的重要途径，需要得到大众的重视，发挥出高校语文课程审美性的意义。

高校语文教材内容包括诗歌、散文、小说等，不同体裁的作品其文本语言表达形式存在差异，但学生在课堂中认真学习能够感受到作品中的美。在教学中，由于高校阶段的学生受过语文教育，其理解能力、学习能力较强，在教学时教师只需要应用美的规律对学生进行引导，使学生能够对课文表达方式中的美进行分析，获得一定的美的享受，并逐步形成正确的语文审美能力，达到培养全面人才的目的。另外，由于高校开展语文教学的目的之一为培养学生的审美能力，因而在教学中教师需要引导学生把控审美标准，帮助学生形成心灵美、高尚美的分析能力，提高高校教学的有效性。

高校语文课程的主要任务为提高学生的语文综合能力，因而教材内容较为丰富，作品类型较为完善，在教学时教师会丰富作品创作背景、作者的生平事迹等，进一步提高教学的有效性，应用这一方式进行教学工作，可以有效帮助学生了解表达方式中的美，并树立正确的审美意识。由于高校具有树立健康品质的教育职能，因而在进行语文教学时，教师需要根据学生的性格特点，构建适当的教学方法，保障教学工作能够使学生形成良好的审美情趣。但由于部分学生对语文课程缺乏兴趣，甚至在课程中学习专业科目，导致其语文综合能力没有得到提升。为了改变这一现状，需要教师在设计教学内容时，在教案中融入美的形象、意境。在教学时教师需要对学生加以引导，使学生能够主动分析课文含义，帮助学生形成良好的审美能力，为学生之后的学习工作奠定良好的语言基础。

在科技不断发展的背景下，为了提高高校学生对语文学科的重视程度，需要在教学时引导学生关注社会，思考语文学习的意义，提高对语文学科的重视程度。另外，为了提高学生的综合能力，需要在教学时巩固其语文知识，并带领学生进行语文知识练习，使学生能够主动感悟语文表达方式，提高学生的综合能力。为了提高教学有效性，教师可以将现代科学技术与语文课程内容相结合，以具有趣味性的方式进行教学，进一步提高教学的有效性，达到高校语文教育的目的。

第三节 高校语文教学任务

一、增强母语感染力

母语是人们思维的载体，能够帮助人们进行知识的认知、问题的分析与归纳、思想的表达与信息的沟通。在高校阶段学习母语能够进一步提高人们的语言表达能力，丰富人的内在修养，并且人们的母语水平直接影响其思维能力和创造能力的发展，对其他语言学习也有一定的帮助。高校的母语教育目的为培养高素质语文人才，并且学校在进行语文课程教学时，需要按照教育部门的要求设计教学内容，发挥出语文学科的特点，使高校能够顺应语文教育发展需求。由于中文是我们的母语，虽然学生在进入高校阶段之前，已经学习、应用了较长时间，但高校语文教育的主要目标为提高学生的语文综合素养，因而进行教学设计时，需要对阅读、欣赏、表达等进行科学设计，进一步提高教学有效性。但部分高校对语文教育的重视程度不高，甚至没有合理安排教学课时，导致教学工作缺乏连贯性，难以达到教学目的。由于语文课程具有一定的整体性，为了能够进一步提高学生的语文综合素养，需要选择合适的教学方法，培养学生的审美能力。但部分高校教师还在使用传统的教学方法，由于教学形式过于枯燥，学生的综合能力没有得到明显提高，甚至缺乏学习兴趣，难以达到增强母语感染力的教学效果。因而在高校语文学习阶段，为了完成增强母语感染力的教学任务，需要教师在设计教学内容之前了解学生的语文学习情况、学习能力，并研究课程设置、教学设计方式等内容，使教学工作具有针对性，以提高学生对语文的阅读、欣赏、理解能力，并掌握母语知识，推动学生进一步发展，进一步提高教学有效性。

由于高校语文课程具有系统化的特点，学生认真学习这一内容能够进一步提高语言表达能力，使学生能够熟练地应用语文知识。并且高校语文课程将培养人文精神作为教学目标，并以这一目的为依据选择教学文本，进一步提高教学有效性。但由于部分教师对这一工作的重视程度不高，导致教学工作的有效性不高，为了改善这一现状，需要教师在设计课程时选择具有典范性的文本，并对学生的综合能力进行分析，合理设计能够启迪思想、涵养道德情操的文本，使教学在生动活泼的氛围中进行，让学生对语文学习产生浓厚的兴趣，并达到增强母语感染力的作用，推动教学工作进一步发展。

由于语文教材在编写时为了保障其既能够满足教学大纲的要求，又能实现母语教学的意义，需要教师将其中的工具性与人文性进行统一，使学生能够在适当的教学环境下提高语文综合能力，并提高对文学作品的赏析能力。但部分高校在开展语文教学时，没有合理设计教学内容，导致教学内容过于理论化，难以提高学生的综合素养，这就需要进行语文教学改革工作，进一步提高教学的整体性，增强母语感染力，促进教学工作进一步发展。另外，开展语文教学工作，还能够促进学生进一步提高语文综合能力，改变部分高校专业设置厚此薄彼的现象。高校语文教学中学生在学习文本之后能够形成良好的精神素养，并推动社会进步，提高综合能力。由于人们生活在汉语的环境下，并且语文科目对社会发展有一定的影响，为了使高校语文教学达到增强母语感染力的效果，需要优化教学文本内容，例如，教师可以从社会发展、文化素质等几方面选择文本内容，并在教学时对学生进行引导，使教学工作进一步提高有效性，提升学生对语文的欣赏能力。

二、提升艺术审美力

艺术审美力，又称艺术鉴赏力，是指人感受、评价和创造美的能力。审美感受能力指审美主体凭借自己的生活体验、艺术修养和审美趣味有意识地对审美对象进行鉴赏，从中获得美感的能力。艺术审美能力对学生的思想情操、思想情感的发展有一定的影响，并且高校学生即将面临就业问题，为了促进其进一步发展，需要合理开展语文教育工作，使教学达到提升艺术审美力的效果。为了达到这一目标，需要教师合理设计教学内容，使学生具有发现美、创造美的能力。另外，由于教师具有美感教育的责任，因此在选择教材时需要按照马克思主义审美原则整理教学内容，并且由于作者在创作文学作品时会赋予人物审美属性，学生在学习时能够逐渐形成艺术审美力，并获得美的享受。在高校语文教学中，教学工作需要发挥出语文学科中的人文性与基础性作用，进而提升学生艺术审美力，推动学生全面发展。但高校语文教学使用传统方法难以提高教学有效性，为了改善这一现状，需要提高教学针对性。例如，在教学时，教师需要先对学生进行基本审美能力的培养，并根据学生学习情况进行审美教学，使学生能够进一步提高对语言的感悟能力，从丰富的感悟中得到美的享受，提高高校语文教学的有效性。教师还要注意在教学时对学生进行必要引导，培养其勤于思考的习惯，为之后的学习、工作奠定良好的基础。

在高校语文教学中，为了进一步提高教学的有效性，需要帮助学生沉淀知识，并提高其对文章内容的理解能力，了解文本内容情感，并将文本内容进行升华。例如，在学习李清照《声声慢》时，由于学生接受了较长时间的语文教育，因而让其独立对文本进行分析没有问题，但为了发挥出高校语文教学的优势，需要从审美角度引导学生进行分析，使学生能够感受李清照的情感，并融入作者的精神境界，使教学工作达到提升艺术审美力的效果。

教师在教授高校语文时，为了达到提升艺术审美力的目的，需要合理设计教学内容，帮助学生对作品进行感悟。例如，教师在带领学生学习《荷塘月色》这一内容时，需要先带领学生分析作品内容，并让学生找到作品中传达美的关键词，并感悟到美的哲理，达到美育的目的。另外，文学作品能够展现社会、思想等内容，例如，《当》这一文章中，学生在教师的引导下能够感受文章中描写的社会状态，感受到作品中美的力量，达到教育的目的。由于写作是语文教学中的主要任务，为了进一步提高教学有效性，需要教师在教学时加强引导，使学生能够感受到语文中的美，并延伸到生活实际中，使高校语文教学达到提升艺术审美能力的效果。通过这样的方式进行高校语文教育，学生能够在成长中逐渐形成完善的审美能力，促进学生心理健康发展。

高校语文教材内容具有多样化的特点，并且蕴含自然、社会等方面的美，在教学时教师需要将这一内容合理分配到教学工作中，使学生循序渐进地形成审美感受，领会到作品中描写的美与丑。学生在学习时对生活实际进行分析，能够感受到提高人文素养的重要性，高校语文教学充分发挥其工具性的特点。另外，教师需要在课前整理教学内容，适当选择文本内容融入现实生活，并引导学生总结其中的美，使教学能够发挥出美育的作用，提高高校语文教学的有效性。

三、优化语言表达力

高校语文教材中，无论是叙事状物、言事说理，还是抒情言志，所选文章均为经典之作，语言运用规范而艺术，对学生语感培养很有帮助。由于语文内容具有实践性的特点，人们的日常生活离不开语文，并且随着社会的不断进步与发展，语文的应用范围不断扩大，逐渐向其他领域渗透。因此，专家学者认为语文教材具有培养语文能力的作用，在进行教材编写时，将基本功能作为出发点，注重语言的工具性与美学性特征，提高了教材编写质量。另外，为了能够发挥出高校语文教材的教育职能，需要合理设计教学目标，使学生能够在长期学习中养成良好的学习习惯，并提高学习效果。由于培养良好的语文学习习惯需要进行不断的练习，而练习的依据为语文教材，这就需要教师应用教材带领学生进行听、说、读、写等实践活动，通过具体的语言环境锻炼学生运用语言的能力，促进学生养成良好的学习习惯。为了能够进一步提高教学有效性，教师还需要带领学生学习其他选文内容。例如，学习古诗词时，需要应用其他内容分析对仗、押韵等相关韵律知识，使学生能够提高对语文教学内容的了解程度，并提高语文实际运用能力。

在高校阶段进行语文教学对学生综合能力发展有一定的影响，在进行语文教学时，需要在教学之前合理设计教学内容，从学生实际能力与智力发展需要出发进行取舍。例如，教师在教学时为了达到优化学生语言表达能力的目的，需要先将教学课程进行分类整理，并在教学中添加不同形式的文本，带领学生进行语言表达能力练习，进一步提高教学质量。为了更高地发挥高校语文教学的作用，教师需要在教学之前了解学生的实际学习情况，因人而异设计教学内容，起到优化语言表达力的作用，促进高校语文教学工作进一步发展。

由于语文的特点主要表现为语言表达，在进入高校阶段之后，为了能够发挥出语文教学的优势，需要进行重新设计，使教学具有科学性，并能达到优化语言表达力的目的。例如，教师可以在教学之前对课程内容进行合理设计，介绍诗歌、散文、小说等文学体裁的发展脉络，使学生能够进一步了解文学形成的过程。在教学中，教师可以带领学生进行写作、阅读训练，提升学生的人文素养与道德品格，进而提升语言使用效果。另外，在教学的过程中，由于部分教师的重视程度不足，没有对课程内容进行优化设计，导致教学有效性不高，需要教师根据学生的学习情况、综合素养进行整体教学设计。

高校语文教学中，为了达到优化语言表达力的教学目标，需要教师在教学中带领学生进行文本翻译、内容分析等工作。另外，为了潜移默化地优化学生的语言表达能力，需要教师合理设计课后作业，使学生能够将课程内容与生活实际联系起来，形成良好的语文综合素养。但部分教师在进行教学设计时，对教学内容连贯性重视程度不高，需要教师在教学之前先设计教学总体构架，并按照教学要求进行引导教学，使教学具有优化语言表达力的作用。

四、激发开拓创新力

创新是一个民族的希望，是社会文明的象征，随着社会经济的不断发展，教育的创新起到引领示范的作用。为了推动我国教育事业进一步发展，教育部制定了各级教育发展规划，对教学改革发展进行了科学规划，这一工作将推动社会经济进一步发展，进而促进人才发展，带动文化、社会发展。高校承担着创新型人才培养的重任，需要在学科教育教学中实施创新工程，以科技创新人才培养为主，对学生进行素质教育，提高教学的有效性。高校在进行语文教育时，为了使教学工作提高有效性，需要按照教育要求设计教学工作，达到培养学生创新能力的目的。在对高校语文教学进行设计时，可以应用问题教学法设计教学内容。例如，在具体教学过程中，教师可以先带领学生分析文本情感，并向学生提出与教学内容有关的问题，激发学生的创造性思维。另外，在教学中营造创新氛围能够进一步提高学生的学习积极性，并培养学生的创新能力，为之后的学习工作奠定良好的基础。

在高校阶段进行语文素质教育，能够激发学生的学习潜能，并使学生提高创新能力，成为全面发展型人才。高校教育的主要任务为提高学生的创新能力、实践能力，使学生能够满足时代发展的需求。为了达到这一目标，需要将培养创新能力工作放在重要位置，并整理教学内容。例如，在教学的过程中，教师需要引导学生思考解决问题的方法，使学生能够形成创造环境和解决问题的能力，推动学生形成完善的人格，达到素质教育的目的。在进行高校语文教学时，为了能够进一步提高学生的创新能力，需要教师使用新的教学手段、教学方法进行教学工作。为了全面提高学生的综合素养，需要加强其人文艺术知识，储备了解作品的思想内涵以及人文自然知识等内容，促进学生思维能力发展。另外，高校语文课程内容形式具有多样化的特点，并且形式类型较为丰富，学生在学习时，能够形成较为完善的形象思维，并激发开拓创新力。

高校语文教学中，由于学生的创新能力存在差异，导致教学工作难以稳定运行，为了改善这一现状，需要教师在教学时引导学生分析作者的思维成果，并以作者的思维方式进行思考，提高教学的有效性。另外，为了使教学达到激发开拓创新能力的目的，需要教师在教学之前对文本内容进行全方位的审视，并将自身作为发现者、研究者了解文章内涵，在教学时教师需要带领学生进行课程内涵分析，潜移默化地影响学生的思维能力，进一步提高教学的有效性。教师在设计教案之前对学生的实际学习情况进行分析，并选择合适的文本引入教学中，带领学生分析教材中思想情感，逐渐形成较为完善的课程内容，使学生提高学习兴趣，并激发开拓创新力，达到高校语文教学的目的，推动学生进一步提高语文综合素养。教师在教学时需要按照相关教学标准、课改要求设计教学形式，推动教学工作进一步完善，并达到激发学生开拓创新能力的目的。

五、丰富人文知识素养

人文素养中的"人文"，可以作为"人文科学"（政治学、经济学、法学、社会学、伦理道德等）进行分析，而"素养"是由"能力要素"和"精神要素"组合而成的，因而可以了解到人文素养即为人文科学体现出来的以人为中心的精神，即人文知识对人的熏陶感染经过个人内化升华后所表现出来的人格、气质及修养。高校语文是我国民族文化传承的载体，高校学生通过学习，可以陶冶情操、感悟人生、丰富感情、完善人格，促进人文素养的形成与发展。

由于高校学生是推动社会发展的重要力量，为了提高教学工作的有效性，需要对高校语文教学工作进行优化，把教学重点放在学生人格、气质、修养的培养上，并通过优秀作品潜移默化地影响学生的个人素养，形成良好的个人品质，为今后的工作、学习奠定良好的基础。但由于教材版本不同，其中的结构设计存在一定的差异，需要教师在设计教学内容时注重中华优秀传统文化的传播，并将这一内容与教学工作进行有机融合，使学生能够在语文学习中形成相对稳定的内在品格，激发学生的爱国情怀。例如，高校可以定期开展教学讨论会议，教师共同对教学内容进行整理，并在其中融入适当的传统文化；在教学时教师可以为学生多讲解一些经典的文学名著，开阔学生视野，提高教学效率，使高校语文教学发挥丰富学生人文知识素养的作用。

由于教学氛围对学生学习积极性有一定的影响，为了能够进一步提高教学科学性，需要教师在设计教学内容时将文学、哲学、历史、宗教、文化、思想道德等内容融入其中，并对教学结构进行优化调整，使教学工作达到培养学生道德素养的目的，并在潜移默化中提高学生的民族自尊心和文化自豪感。部分古代文学作品具有较高的思想性，体现了作者可贵的精神品格，寄托了作者的社会、人生理想。为了使教学工作达到丰富学生人文知识素养的目的，教师需要加强古代文学的教学，因为非中文专业学生的古代汉语知识相对欠缺。例如，教师可以将《典论·论文》《左传·襄公一十四年》等兼具思想性、艺术性的文学作品融入教学工作中，进一步提高教学效率。现代文学中同样有许多人文素养极高的文学家，如鲁迅、郭沫若、茅盾、巴金、老舍、曹禺等，他们的作品是人文素养教育不可多得的典范。还有部分当代作品展示了社会中的矛盾与人文知识，因而为了丰富教学内容需要教师在设计教学内容时将这部分文学作品融入其中，使学生在学习时能够进一步提高人文知识素养。

由于高校阶段进行语文教学工作具有德育功能，学生能够通过相关文本了解文章中的价值观、人生观等，教师在这一阶段可以对学生进行适当的引导，使其树立正确的信念，形成丰富的精神世界。实践证明，空洞的思想道德说教是苍白无力的，潜移默化的精神感化犹如春风化雨、润物无声。另外，在教学中为了发挥出高校语文丰富人文知识素养的作用，需要有针对性地选择教材内容。例如，教师可以选择《离骚》《苏武传》等内容对学生进行爱国主义教育，使学生能够积累丰富的人文知识，并促进其提高道德修养。另外，由于高校语文教材具有理想情操教育的能力，在教学中教师选择适当的内容能够帮助学生树立正确的人生观，并提高为人处世能力。高校阶段的语文教学还需要对学生进行语文基础教育，提高学生的语文综合能力。

第四节　高校语文教学的基本理念

所谓理念，是指人们观察问题、分析问题和解决问题所依据的原理和观念，或者说是原则和准则。语文教学的理念就是语文教学活动的指导思想和行为准则。

一、语文教育的人文关怀

语文教育要促进个体的身心和谐发展，要使个体的发展过程获得精神上的价值和人生上的意义。也就是说，个体通过在语言上的学习和训练，文学上的熏陶和习染，不仅要获得各种知识和技能，而且还要体验到各种深刻的人类情感，唤起自身的主体意识，从而追问人生的意义，探询人生的道路，形成独特的人生态度。我们把语文教育的这种功能称为语文教育的人文关怀。

语文教育目标是整个基础教育目标的有机组成部分，对于培养德智体美劳全面发展的社会主义建设者和接班人具有重要的导向作用。语文作为一种兼具人文性和工具性的综合性学科，在人的发展过程中起着核心性的决定作用。同其他学科相比，语文教育除了要完成一般学科必须共同承担的智育任务之外，还要密切关注审美教育、人生观教育与人格教育，并以此作为自己的最高价值追求。语文学科这种人文关怀的功能是标示其学科独特性的根本要素，也是语文教育目标的最高追求。我们把语文教育的人文关怀的功能提到这么高的位置，一方面取决于对语文学科性质的深刻洞察，一方面又取决于对人的最终发展目标的深刻认识。人发展的最高境界是精神上的自由和解放、人格上的完善与独立，而所有为此目的所进行的知识的学习、技能的训练、能力的获得及社会生活的实践等工具性行为都必须服从这一最高目的。要实现人作为发展手段的工具价值到作为发展目的的精神价值的飞跃，必须通过人文教育的洗礼。在现行基础教育体制中，语文教育只有自觉地承担起人文教育这一历史使命，把人文教育贯穿到整个语文教育过程中去，关注人的精神世界的构建和人格的养成，才能为人的全面发展开辟道路。

（一）语文教育的人文精神价值

人文精神不是徜徉流溢在语文教育本体之外的美丽动人的幻影，而是发自语文文本之中的人性之光。它飘忽不定、难以捉摸，是因为它只对那些敏感睿智、关注内心精神生活的心灵展现自己的魅力。它至刚至大、吐纳宇宙，是因为它超然于万物之上，寄身于纯真、至善、完美之境。

语文教育的人文价值，从静态的文本分析来看，文学与人生的关系是它的集中体现。

文学与人生这种水乳交融、血肉一体的内在联系，使文学成为人生的另一种存在，尽管它不是社会现实自身，却比社会现实更加真实、深刻、感人。人们更多的是从文学艺术创作这面镜子中发现并认识了人自身，因此，文学就是人学。

文学把人的精神不断地引向光明和崇高，是文学在维护着人类那脆弱的社会良知和道德心，也是文学在不断地拓展着感性人生的丰富性与多元性，捍卫着人类理性的尊严和纯洁。因此，语文教育一定要重视文学作品的人文教育价值，把语文教育从工具中心论中解救出来，还其人文教育的本来面目。

语文教育的人文价值，从动态的教学过程来看，其人文性主要体现在师生关系的民主性、文本解读的多元性、写作训练的生活化上。只有以民主化的师生关系作为教学的前提，才能充分激发调动师生两方面的积极性，使语文教学充满生命的张力，从而对文本展开开放性、多元化、个性化的阐释，释放出文学作品中深层的人性力量，引发情感上的共鸣，启迪思想上的解悟。

（二）语文教育目标的人文追求

语文教育成为人文精神之载体；因此，人文关怀理应成为语文教育之鹄的。语文教育目标是一个有机的整体，按现在比较流行的观点来看，它由德育目标、智育目标、美育目标三部分构成，而这三个目标之内又有更细致的分目标。人文关怀同它们之间是一种什么关系呢？这是我们应该解决的根本性问题。

人文关怀作为语文教育的最高目标，它不等同于技术操作层面的教学要求，而是着眼于语文教育根本性的价值导向。也就是说，人文关怀与现行的语文教育目标体系不属于同一层面的问题。前者植根于语文教育本体论，后者立足于语文教育方法论；前者制约语文教育的根本价值取向，后者决定语文教育实践的进程与开展。因此，人文关怀不可能以技术化、操作化的方式单独地起作用，它只能以精神导引的方式进入语文教育目标体系，通过影响语文教育目标系统的内在调节与协作间接地发挥作用。

在德育目标上，语文教育除了重视传统的政治品质、思想品质、道德品质、个性心理品质等发展目标之外，还要关注人的主体性发展、人格的完善、精神生活的和谐。在智育目标上，除了重视传统的知识、能力、智力发展之外，还要注意智力与非智力因素的协调发展、情感陶冶与生命体验。在美育目标上，除了重视传统的审美知识、审美能力的发展目标之外，还要尊重个体的审美经验、审美感受，激励个体的审美想象、审美创造以及倡导对人生的审美观照、对人格的审美塑造。也就是说，人文关怀是一切语文教育手段与工具的灵魂，人的精神发展是所有操作性目标的最终归宿。

语文教育人文关怀目标不是空洞的口号，它既具有悠久的精神价值传统，又具有生动具体的时代内涵。作为一种优良的文化传统，它孕育了生生不息的人类文明；作为一种新兴的社会思潮，它发出了振聋发聩的时代呼声。传统语文教育人文关怀目标的历史性总结包括：涵养心性、培植道德，通晓人情、洞悉世事，表现国民性，增长爱国心，确定政策，转移风俗，造成大同世界，促进真正文明。面对 21 世纪风起云涌的社会变革，人文精神的时代风貌也将经历时代性的变换。

英格尔斯提出现代人应具备的 14 个特征，归纳起来主要有三方面：第一，现代人具有开放性，乐于接受新事物。他们准备和乐于接受他们未经历过的新的生活经验、新的思想观念，准备接受社会的改革和变化。他们思路开阔，头脑开放，尊重并考虑各方面不同的意见和看法。第二，现代人具有自主性、进取性和创造性。他们注重现在和未来，守时惜时。他们有强烈的个人效能感，对人和社会的能力充满信心，办事讲求效率。他们尊重事实和验证，注意科学实验，认真探索未知领域，不固执己见。第三，现代人对社会有责任感，能正确对待别人和自己。他们能相互理解，能自尊并尊重别人。他们有可依赖性和信任感，不相信命运不可改变，而认为依靠社会力量能使人生活得更好。语文教育的人文性应着眼于新世纪创业者人文素养的培植。我们把新时代的人文精神的内涵概括为以下八方面：人格健康、高创造力、主体意识、求实求真、乐于竞争与善于合作、个性和谐、乐观开放、热爱生活。这八方面是新价值观的具体体现，也是未来人才培养的方向和标准。以此为基础，语文教育的人文价值应包含以下几方面：

1.引导学生走近生活、观察社会、体悟人生。帮助他们形成乐观开放、乐于竞争与合作的人生态度。

2.培养学生的人文品质，继承民族文化传统，汲取现代文化精髓，奠定文化底蕴。

3.陶冶学生的情操,启迪学生的悟性,培养学生的批判思维和创造思维,形成健全独立的人格。

4.培养学生的主体意识,确立学生在教学过程中的主体地位,发挥学生学习的主动性、能动性与创造性。

(三)人文意蕴的开掘

语文教育中人文价值目标的最终实现取决于语文教育实践的正确走向。从语文教育过程的展开来看,选择文质兼美的教材,加强语文教学过程的审美性,立足现实生活激发学生的自我表现与表达,是开掘语文教育人文价值的有效途径。是否符合文质兼美的标准,是制约语文教育人文关怀目标实现与否的关键因素。选文是否具有深刻的思想文化内涵、广阔的文学视野、浓郁的人文情怀,直接决定着语文教育人文性的深度、广度和力度。桃李不言,下自成蹊。文质兼美的选文作为人文精神最好的寄寓之所,对于培养学生的人文精神具有本源性决定作用。

我们认为,文质兼美应包含以下几层基本含义。

1.文道兼美,一多并举

我们不仅要求选文的思想内容与语言表达做到有机统一,而且还要求选文在思想内容上具有深刻的文化意义、人文意蕴和审美价值,在语言表达上生动准确、隽永晓畅、富有个性。这样的文道观对于语文教材的选文标准才具有真正的实际意义。

文道兼美的选文标准，并不意味着把文道关系限定在狭窄的意识形态、伦理道德和正统文论的域界，而是应该一多并举。从"道"的标准来讲，"一"指的是教材选文应体现人类所崇尚的以真善美为代表的终极精神价值；"多"指的是选文要体现人类思想文化的丰富性、多元性、开放性。我们应以一种博大的文化胸襟和高远的发展眼光来看待文章的思想文化内涵，切忌鼠目寸光、意识狭窄。在选文中，既要有传统的政治伦理教化内容，还要有体现人类普遍的精神价值追求的内容；既要有以明道为旨归的皇皇之论，还要有抒发个人性灵的小品佳作。从"文"的标准来看，"一"指的是选文的语言表达，必须规范、准确，具有代表性、示范性，思想内涵必须源于生活、积极向上；"多"则是强调语言艺术特色的多样化、个性化和风格化，文化内容的开放化、立体化、层次化。唯其文思泉涌、灿烂其华，方能风行水上、自然成文、行而广远，也只有放眼宇宙，博采万物之精华，才能广开眼界、启人心智、有益身心。

2. 内外兼顾，和谐统一

教材选文，作为语言学习与文化陶冶的范本，应具有内外两方面的价值，或曰本体价值与工具价值，即精神陶冶价值和语言教育价值。只有做到这两种价值的有机统一，才能体现文质兼美的全面要求。选文的语言教育价值体现在对学生听说读写等基本语文能力的培养上，而精神陶冶价值则立足于学生的精神发展、人格完善上。这两者是相辅相成、互为依存的。因为，从文章本身的统一性来看，语言因素与思想因素是水乳交融、不可分割的。没有思想的语言表达没有实际意义，脱离了语言轨道人的思想同样难以表达。从学生语文学习过程的综合性、复杂性来看，学生的语言发展同学生的思维发展、思想成熟、精神成长有内在统一性。它们之间相互影响、相互作用，和谐共存、共同发展。脱离思想教育、精神陶冶的语言训练会使语文教育变得枯燥乏味、机械生硬；而脱离语言训练的思想教育同样会把语文教育变成迂阔的道德说教、政治灌输。因此，选文的这两种价值标准不可偏颇，应当兼顾。

3. 兼顾选文内外价值的和谐统一

除了独具慧眼外，还要具备科学的编辑加工能力。选文的编排、教材体例的选择、语文知识的穿插、课后作业的设计等环节，都应该体现选文内外教育价值的统一。既要避免唯知识智能训练为中心，也要防止唯主题思想分析推理至上。教材的编辑加工向来不被重视，只被当作一种技术性的工作。其实这是一种错误的看法。它是展开语文教育价值、实现语文教育目标的重要途径，它需要以正确的哲学观、教育观、心理观为指导，以语文教育的内在规律、师生相互作用的互动模式作为依据，并要对语文知识掌握、能力发展与精神发展的内在统一关系有深刻的洞察与理解。它既需要有哲学的眼光，又需要有科学的程序，还需要有艺术的手法。从选文到编排，从封面到插图，从设计到印刷，所有步骤都关系到教材的质量和生命。因此，文质兼美不只是一种对文本的内在要求，还是一种指导具体编辑工作的根本原则。

4. 开放思维，审美观照

人文精神从某种意义上讲又可以理解为人类对真善美孜孜不倦的价值追求。因为真善美代表了人类精神的最高境界。这种追求不仅仅包括对知识形态的科学、道德、美学领域的探索，它还指向人类在获取这些知识的过程中所孕育滋生出来的科学精神、道德意识和审美体验。其中，审美体验不仅具有相对独立的价值意蕴，而且还是科学精神与道德意识所追求的最高境界。美存在于自然之中，而科学的发现，不仅指向知识，还要关注审美体验。在道德与审美的关系上，审美同样是道德境界的需求。古人强调"文以载道""文以明道"，其用意也在于此。只有把抽象的道德规范和理念渗透到由文学语言所塑造的美好的道德理想人格形象中，才能使个体获得道德实践的驱动力。审美是沟通知识和德行的津梁，是培植人文精神的必由之路。语文教育要走向人文关怀，就必须通过开掘隐含在文本中的真善美精神价值以唤醒激励学生的求知、向善、爱美之心，通过审美教育塑造他们的人文精神。

5.语文教育的审美观照，尤以阅读教学为重

语文阅读活动中的审美教育是美学在阅读活动中的具体应用。它的任务和作用是按照美的规律，用美的信息去激发、引导阅读活动的主体——学生的审美心理和情感，培养学生符合人类崇高理想的审美意识，帮助学生获得健美的心灵和高尚的审美情趣，使他们在开放的语文阅读活动过程中逐步形成正确的审美观念和健康的审美品质，把握辨真伪、识善恶、分美丑的正确审美，提高学生的审美素质和审美能力，以培养全面发展的人。语文阅读活动与审美教育有着难解难分、血脉相承的特别关系。加强审美教育有助于提高语文阅读质量，深化语文阅读效果。语文教材编选的课文，大都是依照美的法则创造出来的"文质兼美"的典范佳作，是集中反映社会、艺术、科学、语言等客观美的结晶。文章精美的语言，展示出崇高的美的艺术境界，而好的艺术境界本身，又丰富并加强了语言的艺术表现力。在阅读活动中，一方面可以抓住精彩传神的关键性字词语句，把学生引进它所展示的优美境界，使他们在美的艺术享受中受到熏陶，提高审美能力。另一方面，又可以抓住令人心灵颤动的意象、情境和形象，引导学生反转过来深入体味、领悟文章中高超的语言艺术技巧，提高运用语言表情达意的能力。语文教师要充分利用文章的美学意境，创设审美情境，善于敏锐地发掘文章中的美点，揭示深蕴其中的审美情趣；要善于借助审美意象，启发学生的审美想象，根据文本的特点设计审美议题，以诱发学生的审美

体验；还要确定审美目标，指导学生展开审美鉴赏活动。调动各种手段，把学生引入美的艺术境界，诱发学生联想探求、观察体验的积极主动性，这样既对学生进行了审美教育，又把审美教育和语文阅读活动有机地交融在一起，使学生深入理解了课文，提高了阅读效果和质量。在这种活动中，教师要从各种不同的审美角度、不同的审美层面引导学生深入地分析和理解。这样既可以使学生受到审美教育，又有助于学生对课文从表层性的体味感知到深层性的领悟理解。

二、语文教育的个性发展

（一）语文教育个性发展的内涵

人发展的核心是个性的和谐发展。语文教育在学生良好个性的形成与发展中扮演着主导性角色。传统语文教育在这方面存在着一定的缺陷，没有认识到语文教育对个性培养的重要意义，在教育理念和实践中都陷入了机械化的教育模式，过分追求语文教育的应试价值，忽视了语文教育在个性培养方面的积极作用。

斗转星移，教育日新，放眼海内外，个性教育已成为世界教育改革所关注的重大主题。"儿童中心教育学"认为，"每个儿童有其独特的特性、兴趣、能力和学习需要"，儿童之间存在差异是"正常的"。因此，学习必须据此来适应儿童的需要，而不是儿童去适应预先规定的、有关学习过程的速度和性质的假设，儿童中心教育学有益于所有的学生，其结果将有益于作为整体的社会。

我们认为，"儿童中心教育学"概念的重申，表明国际社会在宏观的教育理念和教育政策上确立起了个性发展的方向。对于个性发展应从以下几方面来理解：

1. 个性是完整的，创造力、想象力等品质是个性健全发展的表现

把一个人在体力、智力、情绪、伦理各方面的因素综合起来，使他成为一个完善的人，这就是对教育基本目的的一个广义的解说。因此，个性是道德、体力、智力、审美意识、敏感性、精神价值等品质的综合，是一种"复合体"，即一个完整的人，不能把某一种或某几种品质从完整的人中分离出来孤立地培养。所以，为了培养人的想象力和创造性应首先培养"自由的人"，这应该向青少年提供一切可能的美学、艺术、体育、科学、文化和社会方面的发现和实验机会，而不应该局限于短视的功利需求。

2. 个性是独立的、具体的、特殊的

尽管个性发展离不开与他人交往，但每一个性都首先具有内在的独立性。每一个人都有其独特的发展史，因此每一个人都是具体的、特殊的、活生生的。

每个人都有自己的历史，这个历史是不能和任何别人的历史混淆的。每个人都有自己的个性，这种个性随着年龄的增长而越来越被一个由许多

因素组成的复合体所决定。这个复合体是由生物的、生理的、地理的、社会的、经济的、文化的和职业的因素所组成的。

3. 个性发展内在地包含了社会性的发展，每个人的发展必然带来整个社会的发展

把个性发展与社会性发展、每个人的发展与整个社会的发展孤立起来、对立起来或并列起来，都是二元论思维方式的产物，都不能正确理解个性发展的本质。

4. 个性发展是一个无止境的完善过程

人和其他生物的一个重要区别是人的"未完成性"，即人的生存是一个无止境的完善过程和学习过程。终身学习不只是社会要求，还有着个性发展的内在需求。由此看来，追求学习者的个性发展是世界教育改革或课程变革的重要趋势。从本原上看，每一个性都是完整的，亦是独立的、具体的、特殊的。因此，培养个性应尊重个性的完整性、独立性。个性发展内在包含了社会性，因此个性的成长是在生活中、在持续的社会交往中进行的。个性发展是无止境的完善过程，因此终身学习应成为每一个人的内在需求。在我国，当代教育改革也在 20 世纪 80 年代后期把个性培养列为教育的主题与使命之一。把发展人的个性作为教育的培养目标，因为教育在今天只有赢得了个性和个性发展，才能赢得社会发展的未来。个性教育，就是真正的、具体的、独特的人的教育，就是使一个生物意义上的实体不

仅获得社会性、文化性，并且进一步获得自身独特性、自我确认性的过程。因此，语文教育凭借其自身的人文学科优势理应成为个性教育的核心，发挥中流砥柱的作用。

（二）语文个性教育的作用

1. 语文个性教育的价值追求

语文个性教育的价值观是语文教育功能观的直接反映。语文教育有其独特的功能和价值，其功能和价值又具有多层次复合性。

功利本位与人文本位是最能概括当前各种对立观点的一对范畴。功利本位论强调把语文教育的功利性放在首要地位，把学生对汉语的听说读写水平和能力作为语文教育追求的根本目的，突出语文教育的工具价值。在此前提下，他们一般不反对语文教育的人文价值，甚至也十分强调语文教育的教化作用。人文本位论则认为语文教育的最大功用在于教化，最大价值在于弘扬人类和民族的优秀文化传统和人文精神，培养学生健康的人格。在此前提下，他们一般也不反对语文教育的工具追求和工具价值，甚至认为人类精神传递的前提是对语言文字工具的掌握。

语文教育的特点决定了语文教育的功能绝非单功能，而是复合功能。所谓复合功能，就是将语文教育的各种功能有机地整合为一体的功能。语文教育的复合功能由两大类要素组成，即工具性要素和人文性要素，两类要素组合不存在孰先孰后、孰上孰下的问题。

工具性要素的主要内涵是：听说读写、知识方法、思维。人文要素的主要内涵是：情思、审美、伦理、历史文化。工具性要素和人文性要素之所以能够合二为一，关键在于中介要素的作用，中介要素就是汉字和汉语，其作用就是语文教育过程。通过汉字汉语的教育，使要素之内涵发生联动和整合，使两大类要素产生有机连接和整合。语文教育的复合功能是一个有机的开放的组合系统，是一种弹性机制，它在信息交换过程中不断地做出自己的选择和应对，系统也会因此发生相应的变化。语文教育的复合功能铸就了我国民族文化特性，发挥了全面综合的素质教育作用。语文的复合功能观念对于语文个性教育价值观的构建起了决定性的作用。语文个性教育的核心就是要通过语文教育促进学生的个性和谐健康发展。它打破了以往单功能观的狭隘视野，把语文教育置于一个更为广阔互动的历史文化背景之中，突出强调了语文功利性价值与人文性价值之间互为依存、相辅相成的血脉一体的内在联系，从而为人的个性发展铺就了一条更为切实、明确、广远的通道。

语文教育的多功能整合观很好地协调了语文教育的工具性价值和人文性价值、内在价值与外在价值，把个性教育与社会需求有机地结合起来，这对于培养符合社会需要的良好个性品质起到了积极的促进作用。因此，多功能复合的语文教育价值观是语文个性教育的重要理论基石，在当代具有重要的现实意义。在新世纪里，语文个性教育的价值追求表现在受教育者的素质规格上就是要重视个人的自由发展，尤其是人格的健康成长。这一点具有世界性、终极性意义。通过教育，尤其是以人文性为核心特征的语文教育，重塑现代人的人格精神，是促使社会和个人协调发展、可持续发展的重要基础。

2. 语文个性教育在个体人格的塑造方面应发挥积极的作用

通过对自身的人文价值、文化底蕴、思想内涵的充分释放和展开，为个体的精神发展、人格形成创设一个良好的成长环境。语文个性教育在人格塑造方面要坚持以下三方面的价值追求。

第一，重塑人格基础，由关注知识技能转向关注个性整体发展，并主要关注精神世界的构建。语文教育要重塑人格的基础，必须正视这一现实，努力扭转这种不良局面与风气，重新把语文教育的重心放在对个性人格的塑造与培养上。要实现语文教育的根本价值，促进个性的和谐发展与人格的健康成长，必须做到两个转变。从理论上要转变对语文教育本体价值的认识，树立起牢固的多功能复合价值观，真正理解语文本体的质的规定性对语文教育多功能复合价值观的内在的决定作用。在实践上要处理好语文知识技能掌握与文学熏陶、精神启迪、审美体验等隐性因素的关系，使前后两种因素相互联系、相互支持、相互转化。一方面把语文知识、技能因素融入个体精神活动、人格意识、行为模式的整体中去，使其有所附加。

另一方面，则把个体的精神世界建构在牢固的语文知识技能之上，为个性的发展打下坚实的语文基础和文化根底。

第二，重塑人格形成机制，由关注教学目标转向关注教育目的，将人文关怀贯彻到教学实践中去。现在的语文教学过分追求教学目标的细目化、可操作性、确定性、完整性等行为性标准，相对忽视了情感性、体验性、审美性、情境性等隐性目标。这种目标教学的偏颇在应试教育模式中表现得尤其突出，忽视了学生的主动性和创造性。我们知道，语文教育的目的着眼于个性的全面和谐发展，尤其是个体人格与精神的发展。它是整个语文教育的立足点，也是归宿，对于具体的教学实践具有终极性的决定意义与规范价值。语文教学目标则是为了便于实践操作而从教育目的中分化出来，它对加强语文教学的程序性、规范化具有实际的指导作用。但是，这并不意味着在教学实践中按部就班地完成了各种具体的教学目标就能够达到教育目的的要求。按照教学系统论的观点，教育目的的内涵要高于各种具体教学目标。因此，个体个性的自由、充分的发展，精神世界的积极构建，要以教学目标的实现为基础和媒介，又要超越其上，对其进行积极的转化、扬弃和提升，使其获得个性的特征、人格的意义。各种语文教学目标所规定的知识、技能、思想、文化等学习内容，必须通过个体自我意识的同化、顺应的整合、行为模式的内化与外观的转化，才可能真正地变成个性的有机组成部分。这一过程的实现，一方面要以各种具体语文教学目标的实现为前提；另一方面又要借助于特定的教育环境，通过个体的自我教育、自我发展、自我提升来实现。教育环境除了包括课堂学习，更重要的是心理氛围、情景诱导、教师的人格魅力及教学活动的潜在影响等隐性因素。因此，语文教育要重塑人格养成机制，必须标本兼治、内外双修，为个性的和谐发展创设良好的教育环境。

第三，重塑人格境界，由"功利人生"的定位提升到"审美人生"的设计。应试教育以其功利主义价值取向为主，忽视了语文教育的审美价值，把文学教育驱逐出语文课堂。语文教育要重塑人格境界，必须加强审美教育。因为只有审美教育，才能为个性的精神世界创造一个超越功利的自由发展空间，才能使个体认识到人生就是一件弥足珍贵的艺术品，从而唤醒他们热爱美、向往美、创造美的美好情感。因此，语文教育只有成为审美教育的过程，才可能充分释放汉语言文字及文学作品中的美感，把学生的精神引向纯净、高尚、理想之境。

（三）语文个性教育的实践走向

语文个性教育价值观的确立为语文个性教育实践指明了方向。语文教育在教学实践中应始终坚持以个性的和谐发展、人格的健康成长为指针。个性的发展、人格的形成是多方面、多层次、多方位的，其中创造性是核心因素。从某种意义上说，个性教育就是创新教育或创造性教育。我们知道，个性独特性是个性得以确立的根本依据，个性教育就是要立足于客观存在的学生的个别差异性，通过因材施教，充分调动每一个学生的积极性、主动性、创造性，让每个人都体会到成功的快乐，体验到作为学习主体的自主感、成就感，从而释放每个人的学习热情和创造能量，培养出个性鲜明、朝气蓬勃、积极进取、勇于创新的社会主体。只有承认学生的个性差异和客观事物的多元性，才能真正地培养出学生的创造性。因此，个性教育必定是创新教育，而创新教育又是促进个性发展的关键因素。语文教育多功能复合价值观决定了语文创新教育内涵的丰富性、多元性。一方面，作为工具学科，语文教育对培养学生独特的个人语言表达能力、语言风格具有促进作用。另一方面，作为人文学科，语文教育对培养学生独特的人格精神、审美意趣、道德素养又具有重要意义。因此，语文个性教育的创造性就是要培养学生的良好语感、独特的语言风格、语文思维创造性以及积极向上的创造性人格。

1. 语感教学与语言风格的养成

一个人的语言往往就是他的精神世界的表征。尤其是以文字为表达手段的书面语，更能较系统、全面、深刻地反映一个人的文化修养、价值取向、审美趣味以及精神追求。而语言风格又是标示一个人语言独特性的重要因素，它是一个人的符号化外貌。语言风格的形成有赖于个体语言的积累与语感生成，良好语感的获得是形成个人语言风格的根本前提。因此，语感教育是语文创新教育的重要内容。

2. 语感的性质及语感教学

什么是语感？语感是一种修养，是在长期的规范语言应用和训练中养成的一种对语言文字（包括口头语言、书面语言）比较直接、迅速、灵敏的领会和感悟能力。它具有敏锐性、直觉性、完整性、联想性、体验性。语感虽然具有模糊性、会意性等非理性化的特点，但可以将它做科学地、辩证地分解，分项确定其训练目标。从大处看，语感可以分为听感、说感、读感、写感。从语文理解的过程及方式的角度来看，一个人的语感能力大致可以分解为相互关联的两种判断力：一是对语言对象在语言知识方面的判断能力，包括语音感、语义感、语法感和语气感，这是直觉性语感。二是对语言对象在内容上真伪是非与形式上美丑的判断能力，它包括思想观念、情感意志、人格状态、审美鉴赏等，这是理解性语感。老一代语文学家把语感和语感教学看作语文教学的本质和核心，是语文教学的最终目的。

3. 语感训练的途径和方法

语感之"感"源于所感之"语"。它是客观语言对象对人的语言器官长期雕琢、不断积淀的结果。因此，要培养准确、敏捷的语感必须注重语言的积累，加强语感的实践训练。

第一，培养学生对字词的感受力。要做到有效的语言积累，多看多记。多看，既看生活，又看书本。多记就是要在理解的基础上背诵一定数量的名篇佳作。

第二，强调诵读。

第三，凭借生活经验获取语感。

第四，依靠对语言行为意义的感知。语感实际上是经由言语、通过言语又超越言语去感受语言使用者的内心情感和他的思维。

语感分析训练是提高语言感受力、加强语言意象积累的重要手段。语感的分析侧重在对文本整体感性理解与把握的基础上，针对某些具有文学解读意味的句子或词语进行深层次的理性分析。语感分析最大的难点是把握语言的隐含信息、语言的自我表达。语言的自我表达能力是语文教学要培养的重要技能，它集中地体现了个体的语言个性、创造性和独特风格。

语言表达能力的培养并不仅仅是一种简单的技能训练，它是同个性的思想发展、精神成长、人格追求紧密相关的。促进语言表达能力的发展，必须从促进个性精神和谐发展入手。自我表现是个性精神发展的一个重要方面，它对个体的语言表达能力的发展起决定性作用。激励学生勇于表现自我，敢于发表自己的见解，抒发自我的生活感悟，这是提高个体语言表达能力的重要原则。

（四）语文思维创造性培养

语文能力的核心是思维能力，思维能力的最高层次是创造性思维。创造性思维是一种具有开创意义的高智能的思维活动。它既具有一般的思维基本性质，又具有自身的独创性、突破性和新颖性。

语文学科作为基础教育中的基础学科，对培养学生的创新意识和创造能力具有决定性的意义。这也是深化语文教育改革、实施语文素质教育、实现语文教育个性化的关键。培养学生创造性思维能力的途径和方法主要有：

1. 立足个性差异，培养求异思维

由于每个学生先天遗传特质和后天所受的教育及经历不同，心理发展又不处于同一水平，思维能力便有较大的差异。所以，发展学生的创新能力，就必须承认学生的个性差异和客观事物的多元性。传统的语文教学往往忽视学生的个性差异，按照一种整齐划一的僵化模式对待个性迥异的学生。这不仅损害了学生的自主性和积极性，也抹杀了他们的创造欲望。因此，加强语文个性教育，就必须积极培养学生的求异思维，发展学生的个性，鼓励他们的创造性。

2. 深挖教材内蕴，积极诱导启发

学生作为学习的主体，对同一篇文章的感受是不同的。"一千个读者心目中就有一千个哈姆雷特。"因此，教学切忌求同过多，而应尽量引导学生用发散眼光，立体地、全方位地审视文章的立意、题材、结构和语言，尽可能地激发学生去感受体味、大胆想象，形成自己的独特见解。教师只有用全新的、多角度的眼光分析教材，才能开阔学生的视野，使他们运用与众不同的思维方式对问题进行分析、比较、抽象和概括。我们应鼓励学生去思考、去发现，从而在潜移默化中提高自己的鉴赏力、创造力。

3. 激发求知兴趣，鼓励创新精神

创造性思维能力的培养，是以激发求知兴趣为前提的。《论语》中有"不愤不启，不悱不发"的启发性教学原则。语文教学应坚持启发性原则，提问设疑，强烈刺激学生的学习情绪，活跃思维，使学生振奋起来，产生积极探求新知的欲望。激发学生的学习兴趣，关键在于精心设疑。问题是创新之源，疑问是探究思索的动因。在语文教学中，基础知识训练、阅读和写作等均可通过精心设疑来激发学生的学习兴趣和创新精神。

4. 丰富想象能力，捕捉直觉灵感

直觉思维是人脑对事物及其本质和规律做出迅速的识别、敏锐的观察、直接的理解和整体判断的思维过程，它是构成创造性思维活动的必要因素，培养创造性思维能力，就必须加强直觉思维能力的培养。

一要通过阅读教学，发展学生的想象能力。二要加强朗读和进行语感训练。汉语重语言主体的心理因素，强调直观感受。这种直观感受正是直觉思维力强的表现。加强朗读，进行语感训练，正是凭借着阅读活动的经验直觉对言语做出敏锐感受，从而瞬时性地感知和领悟言语，是培养直觉体味语言的重要途径之一。三要创设情境，触发创新灵感。创设情境是触发创新灵感的有效手段。生活展示、实物演示、表演体会、音乐暗示等手段都是触发灵感的重要手段。在语文教学中应注意发挥这些因素的作用。

（五）创造性人格的养成

语文创新教育不仅仅是语文创新能力的培养问题，创新人才培养的最核心问题其实是自由精神的培植、创造性人格的养成。创造性与其说是一种能力，毋宁说是一种精神气质、人格倾向。自由精神是一个人创造力的灵魂，它体现在教育管理者、教师与学生三个层面。创新教育不仅要求学生做好知识、技能及思想上的准备，而且还要求教育管理者和教师具有开放的意识、民主的管理、勇于探索的精神，使创造性成为教育的一种自觉的价值追求。培养创造性的关键是教师要站在学术的前沿，切实了解社会的发展及学生发展的需要，灵活多变地调整自己的教学计划与教学设计，以激发学生的创造力为旨归。教师要通过设置特定的问题情境，让学生感受到问题的现实挑战，诱发他们克服困难的内驱力、意志力和人格信念，从而使创新教育与人格的发展联系起来。

语文个性教育要通过语言载体，充分挖掘依附其中的人文精神、价值意蕴，去引导学生求真、求善、求美，培植其主体性，鼓励其自由创造精神，真正把创造性教育与个性的人格发展融合起来，使创造教育获得持久稳定的内驱力。

三、语文教学的生活归属

面对信息社会、知识经济时代挑战的教育使命，课程脱离生活世界，学生缺乏承担社会义务的态度和参与社会实践的能力，国内外一系列课程改革呼吁，把教育回归生活世界、培养社会实践能力作为强调的重点之一。

终身教育的宗旨是"四种基本学习"（"四个知识支柱"）：学会认知、学会做事、学会共同生活、学会生存。

传统教育过分倚重"学会认知"，然而教育新概念应谋求"这四个'知识支柱'中的每一个应得到同等重视"，谋求这四者的整合。这四个支柱中，"学会做事""学会共同生活"和"学会生存"集中体现了教育、课程回归生活世界的发展取向。"学会做事"绝不只是熟练某些操作技能、学会某些重复不变的实践方法。

"学会做事"意味着要特别重视发展处理人际关系的能力，也就是说"人格智力"在知识经济时代具有特别重要的意义。"学会共同生活、学会与他人一起生活"，是信息社会对教育的又一挑战，因为日益发展的信息技术既便于人与人的交往，但也可能造成"地球村"里人的孤独和疏离。因此，教育应采取两种相互补充的方法，既要教学生逐步"发现他人"，懂得人类的多样性和差异性，又要通过从事一些社会公益活动而帮助学生寻找人类的共同基础。当人们"学会做事""学会共同生活"的时候，就能够在人类社会生活中"学会生存"。

教育在社会生活中的主体地位，指出"教育处于社会的核心位置"。认为教育是与家庭生活、社区环境、职业界、个人生活、社会传媒融为一体的，但教育并非被动适应纷繁复杂、良莠并蓄的社会生活，而要对社会进行主体参与式回归，要通过培养每个人的判断能力而对社会进行批判与超越。由此看来，回归生活世界是课程变革的重要趋势。回归生活世界的课程在目标上意味着培养在生活世界中会生存的人，即会做事、会与他人共同生活的人。

这种人既具有健全发展的自主性，善于自知，又具有健全发展的社会性，善于发现他人。回归生活世界的课程在内容上意味着要突破狭隘的科学世界的束缚，除了科学以外，艺术、道德、个人世界、自由的日常交往都是重要的课程资源，这些资源在教育价值上丝毫不亚于科学，而且只有当科学与这些资源整合起来的时候它才能在走向"完善的人"的心路历程上发挥作用。要秉持一种"课程生态学"的视野，寻求学校课程、家庭课程、社区课程之间的内在整合。

（一）语文教学必须贴近生活

语文是最重要的交际工具。语文是工具性极强的基础学科。它不仅是人们交际的工具、学习的工具、生活的工具，还是人类文化的重要组成部分、文明程度的标志、历史文化的结晶。在当代信息社会，语文能力更成为一个人获取、加工、输出信息，进行思维创新的重要工具。语文教学必须贴近生活，这是由社会生活所具有的独特的语文教育作用所决定的。

首先，丰富多彩的社会生活是语文课文的源头活水。语文课在学生面前打开了现实生活的一扇窗，通过它的选择和过滤，学生们可以自由地观察这个千变万化的世界，洞察生活的秘密，领悟人生的真谛。所以，生活是语文的来源，是学生学习的内容，语文教育不应忽视学生的自主发展对社会生活的内在需求。

其次，现实生活为学生的语言交际活动提供了直接经验的情境和基本的发展动力。儿童最初的语言能力是从现实生活中习得的。语言能力在某种程度上可以说就是一种基本的生活能力。现实生活为学生言语交往设置了特定的对话情境，激发了交流的欲望，使学生的言语交流能够获得一种持续的稳定的内驱力。在生活中学生所进行的这种语言上的交流深刻地反映了个体语言学习的内在规律：语言学习需要特定的情境来提供背景信息的支持以创造交流的可能性；同时，语言交流又必须是有所指的、定向的，交流的动力来自某种生活情境而产生的思想和思维上的碰撞或冲突。正是现实生活中所存在的各种矛盾、冲突和问题，才引发了学生语言交流的动机，促进了其思想的发展以及语言水平的提高。

所以，语文教学要重视生活情境在教学过程中的暗示、激励作用，为语言能力的发展铺设一个坚实的生活基础。

最后，语文的工具性决定了语文教学的生活化方向。语言作为理解的工具，不仅为个体与个体之间的思想情感交流创造了可能，提供了手段，而且在个体与历史、个体与传统之间架起了一座沟通的桥梁，个体通过它把历史与文化灌注进自己的精神生活和生命意识之中。历史和传统之所以能够进入当代并影响到个人生活，就是由于语言的作用。

语文教育既要满足个体生活的工具性需要，又要关注个体精神生活的发展，在生活中沟通历史传统与现实，探索理想的人生价值，构建生命的终极意义。所以，语文教育必须贴近生活、关注生活。

（二）语文教学必须植根生活

学生语言学习的规律表现在三方面：一是语言的发展与思维的发展紧密相连、相辅相成，而思维的发展起源于动作与活动，是一种经验的建构过程。二是语言的习得必须借助于特定的生活情境，语言能力不是一种抽象的形式，它必须包含实质性的生活经验与价值体验。三是语言的学习是实践性的，它的途径不应局限于课堂教学，而应面向生活实际，因为生活的变化对语言学习具有实质性的影响。这三个基本规律，基本上体现了语文教学与生活之间的密切联系。

认知心理学的研究成果已经证明，儿童的语言与思维的发展同儿童自身的动作与活动具有实质性的联系。从发展过程来看，人思维的发展要经历动作思维、形象思维与抽象思维几个阶段，个体在与环境相互作用的过程中思维能力不断地由低级阶段向高级阶段发展。在儿童思维发展的早期阶段，儿童自身的动作是沟通环境与主体之间意义联系的桥梁。儿童通过自身动作，在动作中进行思维，借助于动作表达思维的成果，在成人的语言引导下，儿童逐步把语音刺激与动作建立起稳定的联系，从而使思维获得了最初的语言表现形式。随着儿童动作的复杂化以及活动范围的日益扩大，儿童的形象思维开始发生，并不断地向前发展，形成抽象思维能力。儿童的语言能力也相应地从感性水平发展到理性水平。在这一过程中，儿童不断地修正所习得的概念，从而使语言能力不断地发展变化，逐步形成了一定的语感。教师要使学生所习得的语言获得实质性意义，具有经验上的价值，就必须加强语言学习与生活经验的联系，在生活的经验中使语言及概念获得稳定、准确、真实的意义，从而使个体的思维水平不断地由动作思维、形象思维向理性思维转化，不断地由即时性、联想性向推理性过渡，也就是说，生活经验在思想与语言之间架起了一座沟通的桥梁。因此，语言学习在本质上与生活相连，只有通过生活，并在生活中学习语言，才可能真正培养学生的听说读写能力，使其获得真正的发展。

语言学习必须借助一定的生活情境，才能形成积极有效的思想沟通。

语言学习之所以需要一定的情境，是因为情境能创造语言交流的可能性，还可以提供语言交流所必需的背景信息，此外它又构成了语言交流的动力基础。学生掌握语言的过程其实是一种心理图式不断建构的过程，这种建构需要特定的生活情境提供发生的契机。在特定情境的诱发和激励下，个体才可能形成一定的问题意识和思维定向，促进思维的发生和发展。思维的过程其实就是概念的运算过程。因为生活情境变动不居，个体的思维活动就会处于不断的适应与调整状态。思维的适应与调整的过程，就是内部言语不断地生成、转化、运作、发展的过程。

从生活的发展变化对于语言学习的影响来看，语文教学必须联系现实生活，使学生的语言发展获得源头活水，变得生机勃勃。语言系统相对于社会生活，是一个相对静止的封闭的系统。社会生活不断发展，尤其是现代信息社会瞬息万变，必然对语言系统产生重要的影响，促使其做出相应的反应、调整和变化。除了语言学习自身的规律要求语文教学要生活化外，在语文教学中学生对各种文化知识的掌握、对价值观念的习得、对精神世界的探究等方面都要求学生具有深厚的生活经验作为基础。因为生活的切实经验不仅提供了各种学习的初步感性知识基础，而且还孕育了学习的直接兴趣与心理动力，培植了学生基本的生活态度与价值观念。因此，生活化是语文教育走向深入的必然选择。

（三）语文教学必须聚焦生活

语文学科课程向生活化发展的方向，应该由原来的重视语文知识的教学转向对语文能力的培养，特别是对生活实践中运用语言能力的培养，这是编写语文教科书应掌握的重要原则。语文教材通过广泛取材，兼收并蓄，沙中淘金，成为社会生活的聚焦、人生智慧的结晶。在编写语文学科教材时，应充分拓展语文教材的生活价值、发展价值，处理好以下几个关系。

1. 处理好语文知识序列、个体心理发展序列和个体生活序列的关系

理想的语文教材应该是语文知识序列、个体心理发展序列与个体生活序列的有机统一。三者之间应是相互渗透、相互促进、相辅相成的关系。也就是说，语文教材的编写既要考虑到语文知识的系统性、逻辑性和完整性，又要考虑学生心理发展的阶段性、递进性、反复性，还要考虑学生实际生活的需要与社会生活的需要。

语文教育的一个根本任务就是要发展学生的语文能力，而学生语文能力的发展是同认知能力，尤其是思维能力的发展紧密相连的，而个体的思维能力的发展又具有普遍的序列性和规律性，即要经历动作思维、形象思维与抽象思维的过程。因此，学生语文能力的发展也必然具有一个基本的序列，这个序列理应成为我们设置语文知识与技能阶段性目标的依据，成为不同学段语文教材选文的标准。另外，学生的实际生活经验对语文的学

习具有重要影响，不同年龄阶段的学生具有不同的亚文化特征，往往形成不同的生活经验序列。

我们应以学生的心理发展序列为基础，以学生的实际生活序列为指导，以语文知识的可接受性为标准，以语文能力的发展为目标，设计生活化的语文教材。

2. 要处理好阅读、写作与生活的关系

阅读和写作并不是一一对应的线性因果关系，而是由量变到质变的过程。阅读是学生感知、吸收、消化并理解语言材料的过程，它是写作的必要准备。因此要提高学生的写作能力，就必须扩大学生的阅读量，开阔学生的视野，使学生积累大量的语言材料，获得丰富的语感刺激，形成一定的思维能力。写作不仅需要学生的阅读能力，它还需要以个体的生活感悟作为触媒或催化剂。否则，语言就失去了生命力与创造性，写作就会陷入痛苦的技术制作之中。学生只有通过对生活独到的观察、切身的体悟、深刻的反思，才可能激活头脑中已有的知识经验、事物形象和语言材料，才可能文思泉涌、下笔千言、一气呵成。因此，语文教材一方面要扩大信息量，加大阅读的力度。另一方面又要设计一些引导学生观察社会、体验生活、思考人生的课堂语文活动，以激发学生写作的欲望，创造学生写作的契机。

3. 要处理好语文知识学习与语文能力发展的关系

语文课程生活化，意味着要在语文知识与语文能力之间架构生活化的桥梁，使语文知识的学习为语文生活能力的发展服务。学生语文能力的发展并不是单纯地由语文知识转化而来的，它还要借助于个体的生活经验、语言交际的经验以及模仿他人语言的学习经验等多方面因素的支持和作用才可能获得发展。因此，语文课程生活化要在坚持语文知识基础地位的同时，加强对语文能力的训练，突出语文生活经验对语文能力发展的重要作用。

4.要处理好文言文和白话文的关系

语文课程的生活化，要以白话文为主体，但这并不意味着否定文言文的生活经验价值。文言文作为古典文化的载体，它是历史生活生动、逼真的写照，具有极其丰富的生活教育价值。因此，语文课程生活化不但不应排斥文言文教学，而且还要在适当的范围内加强它。

文言文内容的选取要充分尊重历史的真实性与现实性，不可以政治功利主义的眼光武断地、不负责任地对经典文献进行肆意地歪曲、附会与篡改，使文言典籍中的传统精神遭到肢解和割裂。文言文的教学要采取渗透原则。文言与白话之间存在着千丝万缕的内在联系，白话中有不少有生命力的文言，因此，在白话文中渗透文言文教学，不仅是可能的，而且是可行的。文言文教学要从现行的以语言文字学习为中心的课程目标转化为以古典文化的学习为中心的课程目标，处理好语言与文化之间具有的既有机统一又分主次本末的关系。对于学生来讲文言文主要是认读经典的工具，对文言表达能力不做要求，因此，切不可以枯燥的古典语言文字学的要求和标准设计语文课程，以免误导学生对文言文的学习。

我们所追求的是使学生通过文言文的学习，获得基本文言阅读能力和对传统文化经典基本思想的掌握，并在学习过程中获得传统文化的陶冶、习染和精神的教育，而不是培养专门的古汉语文字学家。

第五节　高校语文教学方法的变革

一、语文教学方法的创新

创新，是语文教学方法变革的重要途径。广大语文教师把握改革开放的大好时机，充分施展自己的创造才华，推出了一批语文教学的新方法。下面择要介绍其中几种。

（一）自学指导法

自学指导法也称自学法、自学辅导法，是教师指导学生自学获取语文知识、培养语文能力的一种教学方法。这种教学方法的创新和推行，是以"学生为主体，教师为主导"教学思想的重要体现。学生根据教师规定的教材或自学材料、指定的作业，自己阅读或做习题，教师适当指导、答疑和小结。这种方法的优点是，以学生自学为主，注重培养学生的自学能力和自学习惯，有利于创造型人才的培养。弱点是，基础差的学生常常力不胜任，如果指导不力则容易使教学放任自流。

它有各种不同的方式：一是划块式，即在一节课以内，划出一块时间，用于学生自学和教师指导自学。二是整堂式，即用整整一堂课的时间，专门用于学生自学和教师指导自学。三是课外式，即在正课结束后，规定一个时间，指导学生自学，一般以学习吃力的学生为对象，也有全体学生都参加的。

运用自学指导法，必须注意：一要明确学习的目的和要求，结合自学内容提出激发学生学习兴趣的思考题和练习题，让学生心中有数，带着问题自学。二要指出自学内容的重点和难点，指明自学的步骤和方法。三要给学生提示或提供参读材料或自学手段，帮助他们自行解决学习中的问题。四要进行巡视指导，对于自学吃力的学生还要有重点地进行个别辅导，细致观察和掌握学生自学情况，及时解决需要教师指导的问题；五要创设良好的自学环境和条件，让学生专心自学，提高自学效率；六要检查总结自学情况，肯定学生自学的成果，解决学生自学中的疑难问题，不断提高学生的自学质量。而关键在于教给学生自学的步骤和方法。比如，魏书生老师总结了"四遍八步读书法"：一遍跳读（记梗概、记主要人物），二遍速读（复述内容、厘清思路），三遍细读（掌握字词句、圈点摘要、归纳中心），四遍深读（分析写作特点）。①自学指导法正在全国范围内逐步推行，有着广阔的发展前景。

（二）读写结合法

读写结合法就是从读学写，以写促读，读写结合，实现读写水乳交融齐步发展为目标的教学方法。

（三）比较教学法

这是把两种或两种以上的语文因素集中起来，进行比较、分析，探寻规律，加深理解的一种教学方法。运用比较法进行语文教学，可以使学生明了知识构成规律，系统巩固所学知识，并培养举一反三、触类旁通的自学能力。

比较的方式主要有四种：一是横比，即两个或两个以上同类的语文因素相比，如字词句篇，主题、题材、手法，人物、事物各自之间的相互比较。二是纵比，即同一语文因素的前后发展变化相比，如词的本义与引申义、古今语法特点、课文修改前后的比较。像教《藤野先生》，用原句"从此就看见许多新的先生，听到许多新的讲义"比较改定句"从此就看见许多陌生的先生，听到许多新鲜的讲义"，就发现作者遣词造句的准确、精当。三是对比，即将相对或相反的语文因素进行比较，如对偶句、对立人物形象、相对写作方法之间的比较。四是类比，即用同类的两个语文因素中通俗易

---

① 魏书生 . 班主任工作漫谈 [M]. 桂林：漓江出版社 ,2014.

懂的一个来与另一个相比，实际上是进行类比推理。

比较的类型大致有两种：一是求同比较，对相同或相似的语文因素，通过横比或类比寻找共同的规律。二是求异比较，对同类而不同特点的语文因素，通过对比或纵比，区分差异。

比较教学法运用的途径主要有四条：一是新旧联系。学习新知识，启发学生联系旧知识，从旧知识中寻找比较对象。二是设问求比。教师根据教学需要提出问题，要求学生围绕问题去收集课内外语文材料，寻找比较点。三是单元教学。一次学习几篇同类课文，启发学生认识它们之间的联系与区别，确定比较点。四是对比讲评。写作教学中，以学生作文为例，展示同一题目不同写法，引导学生比较分析。

（四）得得教学法

简称"得得法"，也称"一课一得，得得相连"。所谓"得"是指教学必须使学生有所得，不仅要使学生学懂，而且要使学生学会。整个教学过程是教一点，学一点，懂一点，会一点；只有懂了、会了，才算是"得"了。一篇课文在为训练点服务时，教学全过程大致分为三个阶段：一是自学预习阶段。先由教师做自学启发，然后由学生自学，再由教师着重提示课本中作为例子的部分，为突出训练点的要求做准备。二是逐点落实阶段。教师突出训练点的具体要求，引导学生精读、深入钻研并解剖范例，进行单项训练，落实一"得"。三是读写结合阶段，学生在剖析范例后进行写作的模仿和创造。上述三个阶段形成一条"综合（课文）—单一（举例训练）—综合（作文）"的完整的思维链。得得法本是一种教学体系，并非一种具体的教学方法；但是，这种"一课一得，积小得为大得"的语文教改精神，贯彻到广大的面上，不少教师已将"一课一得"作为一种独立使用的具体教学方法。

（五）情境教学法

情景教学法就是根据课文内容和教学要求，运用各种教学手段，创设适合学生学习语文的生动情境，使学生入境会意、触景生情，从而加深理解、学习语言、开发智力、陶冶情操。情境教学法作为一种具体的教学方法，已在全国高校逐步推开。

运用情境教学法，关键是创设一个语文教学的生动情境，主要方式有三种：

第一，模拟情境。一般是通过图画、照片、音乐、文学语言、电化教具等教学手段，再现教材提供的情境。根据学生思维与注意的特点，模拟的情境要具有形象性和生动性，可以通过五种途径模拟情境，即以生活显示情境、以图画再现情境、以音乐渲染情境、以语言描述情境、以扮演角色体会情境。五种途径，可以从中选用一种，也可综合使用几种，最终都要落实到语言学习上。比如，教《我的自白》，可以播放配乐诗朗诵，教师范读并采用多种读法，引导学生反复朗读，使学生既深刻理解课文内容，又进行语言训练。

第二，选取情境。阅读教学，可以借助电教手段配合课堂教学，比如，结合课文放映有关的幻灯、投影、录像和教学电影，使学生如闻其声、如见其人、如临其境；作文教学，可以带学生走出课堂，实地观察，开阔视野，丰富素材。

运用情境法，一要因文设境，不同文体、不同课文创设不同的情境。二要随机取境，尽量做到因陋就简、就地取材。三要情智交融，创设情境的根本目的是更好地完成语文教学的任务，通过情境教学要使学生更好地学习知识，开发智力，陶冶情操，而不是为情境而情境，走向趣味主义。

要进入学习情境，必须进行情境诱导，情境教学法就是使学生在教师的作用下完成学习过程。因此，教师教学中要注意以下两方面：

1. 施教的趣味性

兴趣是推动学生学习的直接动力，兴趣的主要职能就是使学生把学习化作自己的动力和需要。教学实践证明，激发学生在思考探索的过程中体验到乐趣，感受到兴奋和激动，是提高教学成果的捷径。而要使学生对学习产生兴趣，教师就要把课讲得情感横溢、趣味盎然、生动活泼。趣味性，是情境教学法的重要内涵之一。语文教师要千方百计把课上得有味、讲得有趣，让学生在活泼的气氛中，在愉悦的心境里，在轻松的环境下去学习、去探索，品味到语文课的甘甜与芬芳。如要求背诵古典诗词，每次课前背诵一首，日积月累，以提高学生的文学修养和兴趣，每堂课设计引人入胜的导语，一开始就紧紧吸引住学生。增强教学趣味性有很多行之有效的方法，常用的有直观演示、开拓想象、抓点拎线、形成悬念、展现意境、激发情感、讨论答辩等。这样的方法克服了学生厌倦消极的心理状态，促使学生以极大的热情投入语文学习的天地，来提高学习的积极性，激发了求知的兴趣。

2. 求学的主动性

教学过程是开发学生智力、培养学生能力的发展变化过程，教学的对象是充满情感和个性各异的活生生的人，教学的目的只有通过学习者本身的积极参与、内化、吸收才能实现。学生是学习活动的主体，学生能否主动参与，成为教学成败的关键。情境教学法的目标就是提高学生的学习兴趣，开启学生思维之门，培养学生积极主动的学习态度。常言道：好的开始等于成功的一半。激发学生的学习动机，多在导入新课时进行。此时或确定学习重点，让学生有一个目标；或介绍学习方法，使学生前进有路；或导入有术，令学生进入情境。情境教学法十分讲究和重视这一环节的设计。根据不同的教材，针对不同的对象，采用不同的导语。常用的方式有问题悬念式、诗词曲赋式、格言警句式、故事传说式、温故入新式、解题式、练习式、知识式等。学生的学习动机被激起后，无论是好奇、新鲜，还是情感、关注的需求，都形成一种努力探求的力量，积极参与到学习活动之中，成为学习的主人。培养学生的参与意识，是教学民主的具体体现，它能给学生尊重感、信任感、理解感。学生在主动参与的内驱力推动下，为求知而乐，为探求而兴奋、激动，到达了一个比教学预期目标还要广阔的境界，体验到成功的乐趣，得到一种精神的享受。变"要我学"为"我要学"，学习成为一种自我需要，使学习动机更为稳定和强化。情境教学法使学生在愉快的学习情境中产生学习动机，教师全力创造适于学生潜力发挥的条件，让学生全体参与、主动参与。诚如是，那么在语文教学的舞台上，定能演出有声有色的话剧来。

3. 情知的对称性

语文教学的过程既是一个认识过程，即智力因素活动过程；还伴有一个意向过程，即非智力因素活动过程。语文是培养学生优美情感素质与优秀智慧素质的重要课程。在这门课程中，既有一个完整的认识结构，还有一个极丰富的情感世界。情境教学法就是把这两方面紧密地结合在一起，不仅仅把语文作为工具性的学科，只追求知性目标，还让它成为培养品格与智能双向发展的载体。情境教学法要在循文、析像、悟理的过程中领情、注情、传情，充分运用情感在认知过程中的特殊功能，从学生的学习需要出发，根据教学目的创设教学情境，提供具体的场景或氛围。当学生置身其中，"物色之动，心亦摇焉"[①]，所以"登山则情满于山，观海则意溢于海"[②]。在教学情境中，学生与情境之间发生种种信息交流，加强听说读写的全面训练，努力使语感训练、文感训练、情感训练、智能训练协同发展，全面完成传授知识、发展智力、培养能力、陶冶性情的教学任务。情知对称，经过长期的探寻和实验，"每个情感目标都伴随着一个认识目标"[③]，"你中有我，我中有你"，一石二鸟，一举两得，达到了理性（认识）与非理性（情感）的高度默契，实现了教书育人的统一。

情境教学法建构起以"情境"为主体、以"情感"为中心的教学框架，以"趣味"动其心，以"情知"移其意，引导学生主动参与，以发展智能为终极目标。在"爱"的氛围中，在"美"的情境里，在"情"的感染下，活化学习动机，开启心智，陶冶情操，使学生不断获得成功的快乐，对于提高教学效率、进行审美教育都具有重要作用。

（六）思路教学法

叶圣陶先生指出："作者思有路，遵路识斯真。""看整篇文章，要看明白作者的思路。思想是有一条路的，一句一句，一段一段，都是有路的。这条路，好文章的作者是决不乱走的。"[④]思路就是作者写作时的思维过程，

---

① 庄适，司马朝军选注 . 文心雕龙 [M]. 武汉：崇文书局，2014.

② 庄适，司马朝军选注 . 文心雕龙 [M]. 武汉：崇文书局，2014.

③ 叶圣陶 . 叶圣陶语文教育论集 [M]. 北京：教育科学出版社，1980.

④ 叶圣陶 . 叶圣陶语文教育论集 [M]. 北京：教育科学出版社，1980.

它外化为文章的结构线索。教师根据作者的思维过程和文章的结构线索，指导学生分清段落层次，把握文章结构，概括思想内容，体会作者思维逻辑性，进而学会独立阅读、分析的教学方法，就是思路教学法。

思路不同，思想境界就不同。所谓"思想境界"是指文章中作者立意所达到的高度（指中心思想或主题思想），具有阶级性和政治思想倾向性，而思路则是作者的逻辑思维通过一定的语言文字的表达，体现思维的条理性。思路有别于语感。所谓"语感"是读者对作品中具体的语言文字的一种敏锐的感受，并非对文章整体结构层次的理解。思路教学要注意思路"接通"，也就是把作者所写文章的思路、教师教学的思路和学生学习的思路三者统一起来，让学生能理解文章的思路。"接通"的关键在教师，教师的教学思路是联系其他两种思路的桥梁和纽带，所以教师教学时必须吃透两头，一头是文章思路，一头是学生思路。通过深入钻研教材，精心设计教学，运用各种切实可行的教学方法，把两者"接通"，使学生正确理解文章结构和内容。

思路教学的具体做法很多。一是自读探思路，就是通过引导学生自读，探索文章条理。二是分段显思路，用划分段落层次，归纳段意、层意来显示文章思路。三是提纲理思路，即引导学生编写课文提纲，厘清文章结构。四是设疑引思路，教师按照文章线索设置一连串疑问，引导学生释疑解惑，认识文章思路。五是讲解析思路，主要凭借教师对课文的讲解分析，厘清思路。六是板书明思路，用板书设计来显示课文思路。

二、语文教学方法的引进

引进，是语文教学方法变革的另一条途径。十多年来，我国语文教学学习域外语文教学经验，引进了不少教学方法。

（一）发现教学法

"发现"的本意是指找到前人没有找到过的事物和规律。作为一种教学方法，它是美国心理学家布鲁纳所创。按照他的解释，"发现不限于那种寻求人类尚未知晓的事物的行为，正确地说，发现包括用自己的头脑亲自获得知识的一切形式"。① 发现法是教师提供适合学生学习程度的教材，引导学生自己探索，发现问题，寻找答案，得出结论的教学方法。它可以激发学生的学习兴趣，获得长久保持而又便于迁移的知识，培养钻研精神和创造能力。在语文教学中，发现法又称"问题教学法"或"设卡法"。

运用发现教学法的一般步骤：一是设问，即创设问题的情境，使学生内心产生矛盾，主动提出要求解决的问题。二是假设，即由学生利用自己已有的知识，利用教师提供的材料，提出解答问题的合理假设，探索解决问题的途径。三是验证，即让学生从理论上或实践中检验自己的假设。四

---

① 布鲁纳. 发现的行为 [J]. 外国教育资料，1978（5）：25.

是总结，得出共同的结论。

发现法在引进过程中得到改造，逐步成为适应各地教学实践的语文教学方法。比如，由发现法衍生的"引导发现法"采用如下五个步骤：一是准备，教师引导学生明确探索目标、意义、途径、方法等。二是初探，根据既定的目标和途径，引导学生通过阅读、观察、思考等学习实践活动，主动概括出知识规律，寻求问题的答案。三是交流，教师组织引导学生交流初探成果，对于有争议的问题展开深入讨论。四是总结，学生整理知识使之系统化，教师对学生小结进行评价和修正，使之进一步掌握知识的内在联系。五是运用，学生通过各种形式的练习，完成有一定难度的任务，验证巩固知识，增强运用知识解决实际问题的能力。

（二）SQ3R 学习法

SQ3R 又称"查、问、读、记、复习法"或"五步阅读法""五段学习法"，是一种引导学生进行自学的读书方法，始创于美国艾奥瓦高校。SQ3R 系五个英语单词的缩写，代表了阅读过程的五个步骤，即纵览（survey）—发问（question）—阅读（read）—背诵（recite）—复习（review）。第一步全面浏览，对所学内容做框架式的大体了解，即对所学材料，从内容提要、目录、序言到大小标题、图表、注释等，先粗略地看一遍。第二步略读，侧重读物的主要内容（包括重点和难点），并提出问题。第三步带着问题深入阅读，可以圈点、画线或写提示性批语，还可以做笔记。第四步回忆复述，即合上书本，对各部分提出问题予以解答，回忆各个章节要点，巩固学习内容。第五步复习巩固。这种学习方法，在运用时学得比较扎实，适用于需要记忆和深刻理解的精读和必读材料，但它费时较多，对于只需一般了解的略读材料不宜采用。

这种学习方法引入我国语文教学，不但适用于学生自学读书，而且经过移植，可以适用于阅读教学中的精读课文教学，加上教师的启发引导，改造成具有师生双边活动特征的"五步自学指导法"，即定向浏览—略读质疑—深读理解—回忆解答—复习小结。

（三）科学扫描法

科学扫描法又称"速读法"或"扫读法"，指在有限时间内尽快地、有目的地、有效地阅读文字材料，并获取所需信息的方法，主要原理是采取科学视读法，减少眼停的次数、时间和回视，扩大视读广度，达到提高阅读速度的目的。

它突破了按字词句读书的习惯，而是一行一行、一块一块地扫视；采用掠读和寻读相结合的方式，略去一般性文字，发现重要内容，则减慢速度，按行跑读，遇到关键处，再逐字逐句细细品味。据现代结构语言学统计，通常文章的一般性内容约占全篇的75%，而要点只占25%。据研究，一般文章的组织结构，大体可分七个部分：一是名称，二是作者，三是导语，四是一般内容，五是事实、数据、公式之类，六是新奇之点，七是争议之点。速读就像雷达跟踪目标，敏捷地抓住文章中六、七两点，而将其他略去。这样单刀直入、直取精髓的读书方法，可用较少的时间，赢得较大的阅读量。和一般性阅读相比，科学扫描法的一般指标是速度高一倍，理解系数达50%。作为一种读书方法，科学扫描法需要加强训练。主要方式有，一是遮盖扫描。读完一行，就用纸片遮盖这一行，以减少回视，增加眼停的视读广度。二是限量扫描。即限时读完一定数量的文字。三是计时扫描。计算阅读一篇材料所需的时间，再做一些检测理解力的练习题，测定扫描效果，如此多次检测比较，及时反馈。四是块面扫描。编好与横行竖排字数相同的块面阅读材料，让学生一次读一个块面，要求眼脑直映，养成快读习惯，逐步扩大块面字数，以增进每次眼停的视读广度、阅读速度和理解力。五是狭条扫描。目光在书页字行的狭窄区间移动，视线不仅集中于一页材料每行文字的中心，而且投向这狭窄长条的所有文字。六是直线扫描。视线在每行文字的中线垂直往下移读，要求一次眼停看一行字，常用于阅读报刊。七是顺序扫描。将一篇文章的上述七个部分作为阅读的目的任务，依次扫描搜寻。八是机器训练。采用速示器、速读器等机械装置辅助训练，以加快眼动或扩大视读广度，提高扫描速度。

除上述方法外，引进的教学方法还有问题教学法、暗示教学法、快乐教学法、范例教学法、图表教学法、利用图书馆学习法等。

三、语文教学方法的发展

语文教学方法是语文教学动态系统中一个动态的要素，它本身就是一个动态的子系统，是不断运动变化的。语文教学设计应当探寻语文教学方法运动变化的规律，把握它的发展趋向，遵循它的发展途径，做语文教改的"弄潮儿"，将语文教学方法改革推向前进。

（一）语文教学方法的发展趋向

纵观国内外语文教学方法变革的历史经验和现实状况，在今后较长一段历史时期，语文教学方法的发展趋向主要表现为三大特征：

1. 主导主体有机结合

语文教学方法是教法和学法的有机统一。随着一个时期处于支配地位的教学论思想的更替，教学过程理论和教学方法理论也相应变更。一时主张教师中心，以教法的灌注为主；一时提倡学生中心，以学生的自动为主。这种变更，古今中外几百年乃至几千年来，已经发生过数次。"读史使人明智"，历史的经验促人警醒。"经过一番否定之否定后，我们才有主导、主体辩证统一的教学观。"①语文教学必须坚持教师为主导、学生为主体，语文教学方法应当体现这种主导主体的有机结合。

---

① 　韦志成 . 语文教育原理 [M]. 武汉：武汉出版社，1989.

2. 知识能力同步教学

语文教学过程是一个传授知识、培养能力的教学过程。语文教学方法既是知识传授法，也是能力训练法。传统的教学理论注重知识的传授而忽视能力的培养；现代教学论的某些新观点片面强调能力的培养，有意无意地否定了知识的功能，走向另一个极端。我们需要用基本事实的知识来发展和增进每个学习者的思考力，"而正确的知识必须和技能，即运用知识的技巧结合起来"①。语文教学方法必须有利于知识和能力两种教学的同步进行。近年国外出现"第三程度"的理论，即学生掌握知识和运用知识，按深度分为三种程度：第一程度是掌握信息；第二程度是具有运用知识的技能技巧；第三程度是善于创造性活动，像发现法、问题教学法、范例教学法、暗示教学法等新的教学方法便是以实现第三程度为目的。我国语文教学方法的改革，应当瞄准国际教育科学理论的新水平。一个学生只有掌握了牢固的知识，具备了较强的能力，才有可能进行创造性活动。

3. 认知个性和谐发展

认知指学生的认识能力，也就是智力；个性指学生的个性心理，即非智力心理因素。智力和非智力因素的和谐发展，实际上就是人的全面发展教育思想的体现，已经逐步成为教育理论工作者和实践工作者的共识。苏霍姆林斯基提出："作为全面发展的理想的个性是和谐的，没有和谐的教

① 韦志成 . 语文教育原理 [M]. 武汉：武汉出版社，1989.

育工作就不可能达到和谐的发展。"①赞科夫则认为："这里所说的达到更高的发展水平，不仅指智力发展，而且指一般发展。所谓一般发展，就是不仅发展学生的智力，而且发展情感、意志品质、性格和集体主义思想。"②对于语文学习来说，观察、记忆、联想、思维、想象等智力因素，是学生学习的操作系统；而动机、兴趣、习惯、情感、意志等非智力因素，则是学生学习的动力系统。两者的和谐发展，才能全面促进学生的语文学习。今天的大学生处于科学技术高度发达的信息社会，智力开发一般是不成问题的，关键在于非智力因素的培养。因此，未来的语文教学方法既要有利于开发学生的智力，又要有利于培养学生的非智力因素，而且要把两者有机地统一起来，促进学生认知水平和个性心理的和谐发展。

（二）语文教学方法的发展途径

叶圣陶先生指出要把学生教好，必须有好的教学方法。好的教学方法从哪儿来？来源无非两个："一是向别人学，一是自己通过实践，摸索得来。"③学习和摸索，可以求得语文教学方法的发展。

1. 批判继承，推陈出新

语文教学方法具有继承性和创造性，这是语文教学方法的基本特征之

①　B.A.苏霍姆林斯基.给教师的建议 [M].马琳，译.成都：四川文艺出版社,2021.

②　列·符·赞科夫.和教师的谈话 [M].管海霞，译.武汉：长江文艺出版社,2019.

③　叶圣陶.叶圣陶语文教育论集 [M].北京：教育科学出版社，1980.

一。今天的教学方法大多是从古人或前人手中继承过来的。不用说讲授、诵读、议论等常规教学方法的基本做法承继了自孔夫子到叶圣陶两千余年教学方法的衣钵，就是创新或引进的新教法，追根溯源，从中也可窥见沿袭的影子。比如，比较教学法是现代著名幼儿教育家陈鹤琴先生提出并在幼儿园教学中起过重要作用的。

这种批判继承的过程、扬弃的过程，便是推陈出新，便是创造，便是发展。对于过去的教学方法，凡是合理的成分，比如，启发式的，结合教学实际的，有利于传授知识、培养能力、开发智力、陶冶情操的做法，予以肯定和吸收；凡是不合理的成分，比如，注入式的，脱离教学实际的，不利于传授知识、培养能力、开发智力、陶冶情操的做法，则予以否定和剔除。任何全盘否定和全盘肯定的态度都是不科学的。语文教学方法要发展，就要充分发掘我国教学方法的历史积淀，正确地扬弃，注入时代的生机和活力，创造出更新、更有成效的教学方法来。

2. 引进借鉴，为我所用

"他山之石，可以攻玉。"引进、移植、改造外国的、外地的、他人的教学方法，是发展语文教学方法的"源头活水"。情境教学法，本来是外国的一种外语教学方法，是 19 世纪下半叶始于西欧的外语教学改革运动的产物，由直接法演变为听说法、视听法、功能法以至情境法等现代外语教学方法；把它移植过来，加以改造，用于汉语文的母语教学，便是一种崭新的教学法。范例教学法，原是德国教育家瓦·根舍因首创，它注意从教学大纲和学生日常生活中选择"范例"，以便使教学内容更加典型化，让学生从"范例"的"个别"到"类"掌握知识结构，从而提高教学效率。借鉴它的基本思想，赋予我国语文教学的新内容和新特点，既可创造"读写结合法"，又可设计"得教学法"。今后我们更需要这样做。"科学无国界"，在改革开放的时代，在新技术革命频频挑战的未来，国家与国家、民族与民族之间各种思潮的相互渗透是不可避免的，域外教学方法的引进也将是源源不断的。如何结合我国语文教学的特点，结合本地本人的实际，进行科学的选择、合理的借鉴，拿来为我所用，这是未来语文教学的一大课题。

3. 优化组合，避短扬长

具有多样性和综合性，是语文教学方法的又一基本特征。语文教学方法的这一基本特征，也为它自身的发展开拓了无限广阔的天地。优化组合，是语文教学方法发展的重要途径。这种优化组合，也就是语文教师的创造。如果说继承传统和借鉴外国是"向别人学"，那么这种优化组合便是"自己通过实践，摸索得来"。

优化组合的诀窍在于避短扬长，发挥个人教学的优势。比如，同样一篇课文不同的教师可以有不同的教法：

可以"导之以情，以读带讲"，如果是"情感派"的教师执教，首先设计一个充满激情的导语，将学生引入与课文内容相关的动人境界，然后边读边讲，步步深入，使学生的情感融入其中，潜移默化地受到课文内容的感染熏陶。

可以"朗读领先，带动全篇"，善于普通话朗诵的教师，从朗读入手，通过朗读的指导和反复的朗读，使学生领会文章的思想内容和写作特色。

可以"范文引路，指导观察"，善于观察指导和写作训练的教师，则以课文为范例，通过课文分析和观察指导，培养学生的观察能力和表达能力。

可以"一课一得，以读促写"，例如，教授《瓦尔登湖（节选）》时，紧扣景物描写这个重点，让学生领会从不同角度写景和抓住景物特点的写作方法，并付诸作文实践。

"教亦多术矣，运用在乎人，孰善孰寡效，贵能验诸身。"① 任何具体的语文教学方法都不是"万应灵丹"，都必须接受实践的检验而决定弃取。

---

① 叶圣陶.叶圣陶语文教育论集 [M].北京：教育科学出版社，1980.

第二章 高校语文教学的创新思维

第一节 创新思维在高校语文教学中的作用

一、创新思维的含义

创新起源于拉丁语，包含了更新、创造新事物以及改变这三层含义，创新思维并不是一个近些年才出现的词，这个词在经济领域、学术领域等都十分常见，它指的是利用崭新的角度、方法去解决问题的思维过程，而不是保留常规传统，故步自封。创新的思维在应用方面具有十分广阔的范畴，创新思维的应用包含了事物、方法、元素、环境等多方面。创新思维是人的大脑对于外界信息接收之后进行的一种反应，创新的灵感来源和能力来源也离不开现实社会。在我们生活的这个社会当中，已经存在形形色色的框架体系和事物，但是如果只停留于现状，那么就会无法满足时代的变化以及更高更大的需求，创新思维开展的过程从本质上来讲也是社会进步以及人类思维能力提升的表现。

创新思维拥有两个最为主要的特点，一是独创性，二是变通性。独创性指的是创新思维在应用的过程当中会具有与他人不同的特点，每一个人的思维都会有各自的特点，而不是趋同的。在传统的思想根基之上，创新思维展现出了自身独特的魅力。变通性即是指对一个问题或者是事物进行思考的过程当中，可以不局限于一个思维角度，而是全方面地去看待问题。针对一个问题开展思考，并不可以固化地仅仅使用一个思路，这种方式无法带来真正的创新思维，利用变通的方式才能够使得思维得到开拓，使得生活以及学习当中积累的经验应用到多个问题之上。创新思维可以说是人类进步的一种表现，如果没有创新思维，那么生产和生活的方式就会一成不变，更谈不上进步和发展。从人类文明产生开始，创新思维就一直对历史进程起着推动的作用，新的生产方式带来了社会的进步，新的生产关系出现促使社会从奴隶制走向封建社会再走向资本主义社会，并且朝未来不断发展。创新思维在历史进程中所起到的重要作用不仅反映在史实之中，在当代，创新思维也继续发挥着它的作用。例如，在学术方面，创新思维推动学术科研不断进步，并且创造对人类、对社会有价值的成果。创新思维在高校语文教学中也起到了重要的作用，在语文的学习过程中，也能够发现创新思维的存在，创新思维帮助学生及老师可以冲破传统学习方式的束缚，从而探索到语文学习更深的奥秘。作为一名教师，首先要努力学习创造性思维理论，积极注意学习，保持创造性思维的观念、基本形式、基本方法和技术训练，强化教学中的使命感和责任感，树立创造性思维；其次要努力学习，充分熟悉教材，充分利用课余或假期等时间阅读、分析和注释教材，梳理适合创造性思维训练的课程，并从教学目标的确定、教学过程的设计、问题的讨论和课堂气氛的调动等角度进行。

二、创新思维在高校语文教学中的必要性

高校语文在高校的整体课程规划当中占有十分重要的位置，高校阶段对于文学方面的学习来说是非常重要的。文学与人生之间总是掺杂着千丝万缕的联系，从小学阶段到大学阶段，对于语文的学习都不应该被忽视。语文作为一门语言和文化的综合学科，生活工作与学习中的方方面面都离不开它，语文教学的内容就是帮助学生学习语言文化，帮助学生进行思想的交流。语文教育着重培养的听、说、读、写、释等能力，为学生其他学科的学习也提供了基础，所以语文被称为工具学科。但是，高校语文教育的功能并不局限于帮助学生提高汉语水平与文学素养，还要帮助学生培养创新的思维，使得学生能够有效提升自身的思维水平与能力。

在高校语文教学过程中，创新思维能够有效帮助学生提高语文学习兴趣。高校教育阶段，学生对于学习的兴趣经常会受到各种因素的影响，很多学生在经历了高考之后对于学习的态度变得松弛，忽视了认真学习的重要性，进而导致学习质量下降。学生在语文课堂上以及课堂作业完成方面

一旦抱有消极的态度，都会使得这门科目本身的价值无法得到有效的发挥，同时也是对教育资源的一种浪费。教师需要在教学过程中通过多种手段培养学生的创新思维，学生自身也需要意识到创新思维对于能力提升的重要性。在课堂上，部分教师的授课手段仍旧停留在传统的灌输式教育，这种教育方式对于学生来说无异于是一种单向输出，不能调动起学生的兴趣，同时还会导致学生对于这门学科失去好奇心和探索心。缺乏创新思维的课堂变成了思想的终结地，没有思想的碰撞与知识的交流，课堂仅仅成了学习生涯当中生硬的形式，丧失了其本身的意义。

创新思维对于高校语文教育的重要性还体现在消除历史习俗以及传统文化中的消极因素对于高校语文教学所产生的不利影响。语文学习的内容涵盖了我国古代文学、现当代文学及外国文学，丰富的学习内容中所蕴含的知识种类和数量都十分庞杂，而开展语文学习时，需要注意的一点就是要能够积极面对其中的优秀内容，并且摒弃消极的部分。例如，在学习古代文学的过程中，创新思维可以帮助学生们吸收其中优秀的部分，而不是将思维也固化在传统的文言文、八股文当中。文化是一个时代的见证也是一段历史的反映，创新思维是提升语文学习质量的推动剂。创新思维在高校语文教学中能够有效改善教学模式的封闭、思维模式的僵化等状况，帮助学生立足于书本的同时开阔视野、挖掘新知。

学生在高校语文学习时，不仅需要掌握语言文学知识与技能，更重要的是能够建立起自身的思维框架体系。创新思维的培养有助于提升学生的思维能力和探索能力。缺乏创新思维的高校语文将无法有效地为学生和教师带来真正的提升，创新思维的匮乏也会导致高校语文的教育僵化、停滞不前。高校语文教学效率过低的窘境在当下已经不少见，而导致这一现状的根源也正是由于教师在教学过程中对于学生创新思维缺乏重视及培养。语言文学博大精深，除教师在课堂上传授的部分之外，更多的内容需要学生自己加以探索和创新，只有这样才能保证语文教育的积极性与活力，也会保证学生在接受高校语文教育之后可以有效提升自身的语文能力，加深对于语文的了解程度。高校语文学习阶段，教师和学生两个主体需要共同促进创新思维的培养，深刻认识到创新思维对于高校语文教学的重要性。智慧的火花在发现问题和提出问题时常常闪闪发光。牛顿发现了万有引力，瓦特发明了蒸汽机，所有这些都来源于质疑。显然，勇于发现问题和提出问题是所有优秀人才必备的素质。爱因斯坦曾经说过，"提问往往比解决问题更重要"[①]，因此，我们需要唤起学生的好奇心，帮助学生找到学习的关键，这是创新的起点。提问是一种从已知到未知的心理表达。它是创新意识的具体体现。在教学中，应注重引导学生在实践中学习提问的基本方法。

---

① 爱因斯坦. 爱因斯坦自述 [M]. 崔金英, 姬君译. 武汉: 华中科技大学出版社, 2015.

三、创新思维在高校语文教学中的职能

创新思维在高校语文教学中的职能体现在多个方面，其一是体现在语文教学的德育职能方面。学生在高校进行学习时，德育是十分重要的一个部分，高校语文课程针对学生对于世界的认知和了解程度进行了深化，德育在高校语文中所扮演的角色也是不可或缺的。德育从广义上来讲，是针对社会成员开展有目的的道德影响和道德教育。学校的德育主要是指教育者有目的性地对受教育者开展思想、政治以及道德等方面的影响。在高校语文学习的过程中，德育成为最关键的部分之一，离不开教育内容的规划。我国教育事业发展伴随着社会的进步也在不断进步，并且在德育的推广和延伸上也取得了一定的成绩。无论在学习的哪一个阶段，缺乏德育教育，对学生来说都会无法培养出健全的人格和良好的品质。就德育工作的发展现状来说，我国的德育工作已经取得了一定的成绩，并且在迈向更好的发展阶段，但是如何提升德育的质量以及更好更有效地开展德育工作，离不开创新思维的培养及应用。作为高校语文教育的首要目标之一，高校语文必须要坚持的就是德育为先，而创新思维和德育之间的关系也是密不可分的。创新思维在高校语文教学中发挥出的德育职能，能够有效提升学生对于自身道德修养和各种责任意识的认知，并且帮助教师开展有效的教学活动。高校语文的教学内容能够充分体现德育的内涵。教材中各种体裁的作

品，或是饱含忧国忧民思想的诗词，或是慷慨激昂催人奋进的现代文，或是记录了传统美德的故事，都能够为高校学生带来感悟。教师可以立足于语文教育的基础，帮助学生利用创新思维去看待学习的内容，并且能够有效结合创新思维提升自身的文化修养。学生在教师的帮助下，也对文学作品的内涵进行了升华，从而锻炼了创新思维。

创新思维还能帮助学生提升交际能力，这也是创新思维在高校语文教学中的重要职能之一。高校语文是一门工具学科，语文的学习离不开其在生活中的应用，否则就不能够体现出实用的价值。在语文学习和应用的过程中，教师与学生结合创新思维，才能有效地提升自身的交际能力。例如，在生活和工作中，对于各种格式的信件、文件书写等，都离不开语文的基础知识，同时也必须要具有一定的创新思维，才不会让书写的内容和格式传统老套，这也是在工作当中凸显自身能力的一个要素。创新思维在应用的过程中，发挥出了其在帮助学生提升交际能力方面的重要职能。

创新思维还能有效帮助学生获得多元的文化思维。文化的领域是浩瀚无垠的，只有拥有多元的思维以及广阔的眼界才能真正成为一个具有内涵和深度的人。语文学习的过程是一个积累经验、巩固基础同时也要提升自身创新意识的过程，学生在教师的辅导下提升创新意识，这样才能够拥有广阔的眼界，使得自身对于语文的理解与兴趣不会局限在书本当中，而是将目光转向更广阔的领域。语文学习仅仅是对文学领域的初步探索，而真正的文学和知识领域则需要学生秉持创新意识、发扬探索精神，不断深入挖掘。

第二节　高校语文教学创新思维的策略

一、培养语言想象思维

想象对于学习来说，无异于是为到达终点开辟了多种新的道路，想象思维的培养也是高校语文教学中培养创新思维的有效手段。爱因斯坦就曾经说过："想象力比知识更重要，因为知识是有限的，而想象力概括这世界上的一切，并且推动着发展，是知识进化的源泉。"[①] 由此可见，想象思维对于创新思维的培养乃至对于整个高校语文的学习具有多么重要的意义，因此，高校语文学习也必然离不开想象思维的认知、构建以及应用。只有转变观念，在语文教学的各方面贯彻启发式原则，培养学生的想象力，才能真正贯彻素质教育的精神，提高语文教学的质量，培养创造性人才。想象是在头脑中创造新事物的过程，或是根据口头语言或文字的描述形成相应事物的形象。它是人类最基本的心理活动，是在原有感性意象的基础上创造新形象的心理过程。而且想象可以回忆过去经历过的事情，并能够形成自己从未经历过的事物的新形象。在其他人描述的基础上，根据自己

---

① 爱因斯坦. 爱因斯坦自述 [M]. 崔金英, 姬君, 译. 武汉: 华中科技大学出版社, 2015.

现有的知识和经验利用语言或文字描述形成相应事物的图像。

想象是我们的固有能力。可以说，想象力在我们的头脑中建立了"另一个世界"。我们想象另一种可能的历史，想象乌托邦的道德社会，我们沉浸在幻想的艺术中，我们回顾过去所做的事情，同时我们仍在想象未来可能会发生的事情，例如，宫崎骏和沃尔特，例如，迪士尼或皮克斯工作室的人想象的空间，但实际上他们是根据日常经验创造了一系列经典作品。这种对于想象力的十分机械化的理解最近也得到了心理学上的计算机模块理论的印证，根据这个理论，人类的思考是有固定的程式的。比如，法国哲学家雅克·马利坦就曾在《艺术与诗中的创造性直觉》一书中主张，风景画之所以受人喜欢，就是因为它激发了我们身体中原始的探索远方的本能，我们的祖先因为不得不躲避威胁、寻找资源而培养了这种地域探索的能力。① 这是当代演化心理学中的主流观点，与很多艺术家、工程师对富有创意的想象力的理解迥然不同。同理，在语文学习的过程当中，想象力的地位也是十分重要的，如果缺乏想象的思维，那么语文对一个人来说就成为死板恪守的印象，语文的美感以及其散发的独特魅力就会无法为人所知。在历史的长河之中，语文想象力的作用发挥得淋漓尽致。例如，在我国神话故事创作里，想象思维就起到了很大的作用，神话故事中的各种人

① 雅克·马利坦. 艺术与诗中的创造性直觉 [M]. 刘有元, 罗选民, 译. 北京: 生活读书·新知三联书店, 1991.

物、情节，无一不来自于劳动人民丰富的想象空间，并且构建出了一个完整而又神圣的东方世界。仅以我国四大名著之一的《西游记》为例，作者通过神奇的想象逼真再现了唐僧取经路上的磨难与艰辛，还有天宫与地狱的神奇魔怪，把人的精神世界展示得淋漓尽致，显示出文学的无穷魅力。

想象思维本身其实并不是一个遥远陌生的概念，它存在于我们的身边，并且在很长时间以来都影响着我们的生活。想象力是一个人从小就已经具备的能力，例如，小时候孩子看天上的云朵，会结合形状来猜测各种各样的事物，将云朵和生活中的东西结合起来，这就是想象力的应用和迸发。小至儿童玩具，大至飞机、轮船的发明，这些都离不开想象思维的作用，想象思维对于创新思维来说必不可少并且十分重要。想象思维是建立在人对于现实的基础认知以及自身的想象能力应用之上的，因此在高校语文的学习过程中，学生如果想要培养创新思维，也需要从想象思维方面着手，这样可以帮助其在很大程度上拥有更好的思维创新能力。语言想象思维必须要保证学生可以拥有对于周边事物的感知，帮助开展语文的思维拓展，这样不仅能够提升语文学习的能力，还能够有效帮助学生拥有更加丰富、多元的想象能力。

二、培养文学联想思维

文学拒绝直接表达理性思维，文学不需要判断和推理。无论是接触还是观察、思考，无论是发人深省还是顿悟，都要看具体情况。对象的形象客观存在，它一旦被人们感知，就会给人以感觉和思想，客体形象不再是客观的，它成为情感和思维的文学形象。对象之间没有逻辑连接，没有逻辑上的联系，物体之间的关系是物理的和自然的，图像是非逻辑连接。这种非逻辑的联系整合了人类的情感，表达了人们的灵感和洞察力。联想思维的非逻辑性，只是不符合生活表面的逻辑，其实正是事物与情感的深层联系，所以显得合情合理。中国台湾诗人余光中运用联想思维把乡愁与邮票、船票、矮矮的坟墓等系列意象组合起来，联想奇特，但合情合理，把乡愁这一人类普通的情感表达得深刻而沉重，尤其最后一句："乡愁是一方矮矮的坟墓，我在外头，母亲在里头……"

文学创作依赖联想思维传达情感和意义，与逻辑推理、逻辑论证和逻辑判断相比较，简洁明了。联想思维的影响不是说服，而是感染，它比理性的说服和论证更强大、更长久。当一个作家开始写作时，他常常觉得自己没什么可写的，其中一个重要的原因是视野不够宽，无法写作，缺乏联想思维导致文学创作过程受阻。传统的写作理论往往认为，出现上述情况的原因是作家的生命积累和阅读积累不足。但是笔者认为，作为一个有一定阅历和阅读经验的成年人，陷入上述写作困境的原因是思维不活跃。因此，加强对发散联想的训练，可以拓宽视野，拓展思维，充分调动写作中知识和经验的积累和记忆，进行多向、多角度、多层次的联想，并举一反三，由一个编撰新颖的主题，引出一篇全心全意的文章。根据不同类型的文章，可以运用不同的发散联想来挖掘材料和情节，并进行良好的思维品质训练。虽然反向联想有助于突破思维的枷锁，提炼新思想和新的主题，还可以培养批判性思维，但要使这种思维训练和写作应用达到理想的效果，我们也应该要注意实事求是等问题，这就意味着我们的思想应从实际出发，尊重事实，尊重事物发展的客观规律，不能因为一味求新而使结论偏离客观真理和客观规律。二是运用辩证思维，一切都分为两种，青年人更倾向于片面地看待问题，因为他们的生活经验有限，思维简单。通过辩证思维，我们能够更加准确地把握事物的本质和规律，避免片面和绝对化的认识。同时，辩证思维也有助于培养我们的批判性思维和创新能力，使我们在面对挑战时能够保持冷静和理智，找到最佳的解决方案。三是善于比较分析，即在分析、比较、认同和选择的同时，或以同样的方式寻求相同的，或找到最好的观点，写文章时如果将思维局限在了一方面，无法有效发散，就会造成文章内容的僵化。

隐喻是联想思维中相似联想的体现，对比修辞是联想思维中对立联想的体现，是联想和在联想中的体现性思维，如修辞、引文修辞和转喻。通过这种认识，学生的语言表达能力和思维能力在经过一定的训练后有所提高，这正是因为想象在写作中起着重要的作用。在作文训练中，培养学生的理性想象力是非常重要的。文章中反映的客观事物，一般都是来源于生活的现实，并在此基础上被升华。文章是客观事物在客观思维中的反映，即作者观察客观事物，通过思维思考，然后以语言的恰当形式表达客观事物。阅读教学是分析文本的语言，引导学生想象文章中表达的客观事物。我们不仅要想象生活中的文章，还要想象文章中的生命最初的样子。我们不仅要想象文章中反映的客观事物，还要想象作者对事物的思维过程。我们不仅要学生想象作者直接看到的东西，还要想象作者的想象力。学生从创作的角度理解作者写作过程的想象过程，知道如何想象，这才是高校语文教育所追求的目标之一。

三、培养写作多元思维

人的知识是以感性为基础的，通过思维过程，大脑中的认知过程突然发生变化，从而导致多元思维的产生。人们把握事物的本质，理解事物的规律性，在这个过程中，思维的深度在于深入思考，把握事物的规律和本质。我们通过事物的表面现象了解事物，了解事物的本质和事物之间的本质关系。只有这样，我们才能真正理解事物。因此，培养学生的深层思维有着重要的意义。培养学生思维的关键是采取措施，使学生的思维从外到内，循序渐进。这就要求教师设计的教学措施要以思维的深度为导向。因为学生没有进入社会，他们的生活经验是有限的，有时他们看不到足够的问题。普遍接受理论体现了实践检验的普遍性和科学性，它是人们理解事物的思想武器，有助于人们理解事物的本质。因此，在教学活动中，我们应该教会学生使用一些公认的理论来理解事物，这可以培养学生的思维深度。所谓多方向训练，就是培养学生多方位、多角度、多层次地思考问题，寻求对问题的正确认识，寻求各种正确的解决问题的方法。多向思维训练的目的是培养学生在短时间内产生各种正确思维的能力。这种训练不能满足已经找到的正确答案，但在此基础上，我们应该继续寻找新的正确答案直到最后。思维的敏捷性与判断事物的决定性密切相关。敏捷性的前提是果断性，犹豫不决，甚至当你想到它的时候，不敢说，这是不灵活的。在教学过程中，教师要有意识地培养学生的决断力。因此，我们不妨改变学生回答问题的方式，一般情况下，教师首先提出问题，留出一些时间让学生思考，然后在基本了解问题并产生了自己的想法之后，举手回答问题；然后老师点名，学生回答。这样，问题和答案之间就有了更大的灵活性，学生也有了缓冲过程。如果学生想回答，那么就可以思考并举手；如果学生不想回答，也可以慢慢地思考；如果想不起来，那也没关系。为了培养学生的思维能力，从而逐渐培养学生的思维敏捷性，答案的形式可以变成：一些学生站起来准备回答，然后老师突然抛出一个问题，让学生立即回答，看谁回答得快而准确。这种回答问题的方式是一个快速的过程，学生思维的敏捷程度可以得到充分的反映和训练。

四、培养艺术鉴赏思维

欣赏本质上是一种审美能力，在发展的过程中人们保留了不同的审美情感，并且主要表现在对美的理解和评价上，接触某种生活的美好事物的形式和内容都会对人的艺术鉴赏思维产生触动。美学思想的思维观一旦触及事物的形式和内容，审美环境就会激活审美思维，每个链接和元素都应该在交互评价中进行。因此，就语文阅读教学而言，为了鉴赏操作与设计，描绘审美主体的艺术形象能力至少应包含两方面。一是欣赏审美主体的审美形象。欣赏主体应具备把握艺术美的整体魅力的能力。欣赏过去积累的生活经验和情感体验，最终实现了情感的认同，是一种新的整合，进而创造审美和美感的思维、美感和审美理解的"发现"。二是审美愉悦与审美理想相联系。实践证明，升华只是一种新的审美意象，它已成为审美思维的新体验和组合，它在头脑中有完整体验。可见，审美思维是艺术形象的快速特征。艺术形象可以唤起对审美体验和理解的想象空间。由此可见，培养学生审美思维的关键在于增强学生对新的审美思维的积累和鉴赏能力。通过学习与探索，我们获得了具有自身特色的思维方式，并且在结合了创新的精神之后，往往可以针对一些文章、作品产生不同的见解。只有保证了艺术鉴赏思维的创新性，才能够有效促进艺术鉴赏的发展。

五、培养逻辑思维

与学生逻辑思维能力的培养和丰富的研究成果相比，目前有关高校语文课堂上学生逻辑思维能力培养的研究相对较少。在语文教学中，对学生进行最基本的听、说、读、写训练，这四种能力是由语言能力和思维能力决定的。因此，语文教学中应重视语言和思维训练，并且要处理好语言训练和思维训练之间的关系。就一般要求而言，必须做到有机地结合这两种训练，语言训练不可脱离思维训练。

语言训练与思维训练相结合的原因在于，学生的思维集中于语言情境中，例如，学生作文中词语或句子使用不当是形式上的语言问题，同时也是思维的问题。一个学生不能正确理解和应用这个概念，就不能对事物做出逻辑判断。事实证明，学生的语言总是遵循他们的思维发展而向前发展。如果我们不重视思维训练，学生不仅会受到思维发展的影响，而且语言的发展也会是不健全的。因此，在语言训练中应做好思维训练，并将两者有机地结合起来。

思维训练在语文教学领域中非常普遍。这种教学活动自觉或不自觉地发挥着不同的作用。作为一名语文教师，在语文教学过程中具有或增强思维训练的意识是非常重要的。运用逻辑知识提取学生积极的逻辑思维，是提高作文教学质量的重要途径。我们应该把握学生的思维"火候"。也就是说，如果学生在掌握基本的逻辑和常识的基础上和他们的老师有共同语言，他们就能得到"心对心"的效果。

总之，提高思维能力是所有学科的共同任务，而语文承担着首要责任。因为语言和思维是形式与内容的关系，我们必须把逻辑常识渗透到语文教学的各个环节，逐步普及学生的逻辑常识。语文是一门实践性很强的学科，语文学习的质量直接影响着其他素质发展。因此，在语文教学中应做好学生逻辑思维能力的培养。

第三节　营造创新思维环境

一、营造民主教学气氛

在高校语文教学中，最好的办法是避免只解释段落、中心思想、词汇等僵化的知识，而忽视学生感受的教学氛围。因此，调动课堂气氛，创新教学内容，增加生活实例分析，结合教材内容，结合学生生活实际，是提高学生兴趣的重要途径之一。

例如，在解读柳永的《少年游·参差烟树灞陵桥》这首词时，首先，教师可以向学生介绍一些灞桥的历史，甚至引导学生去感受河两岸的青柳烟雾，使学生们有更深刻、更身临其境的感觉。其次，让学生通过小组讨论参与课堂互动，提高学生的分析能力和团队合作能力，调动高校语文的课堂气氛。尽量把上课时间交给学生，引导他们阅读、讨论和发言，让他们积极参与、交流、合作、开展小组活动，让学生参与课堂，消除课堂上"灌水"的节奏。如果学生有参与意识，他们可以打破单调的课堂教学模式。因此，学生可以以小组划分和小组讨论的形式参与课堂，讨论一种文学现象、作者的思想和文章风格。最后，每个小组选出代表来展示小组讨论的结果，并实施奖励积分。最后，需要更多的师生互动，调动高校语文课堂学习氛围。师生互动有助于营造民主的课堂气氛，是构建新型师生关系的重要步骤。教师在教学过程中要保持微笑和蔼可亲，应该自然、大方、冷静，随时与学生保持目光接触，以真情实感感染学生，营造和谐的教学氛围，积极与学生交流，真正实现师生互动。教师还可以根据课程的需要安排辩论、演讲比赛和诗歌朗诵，教师也参与其中，作为参与者或评委中的一员，激发学生参与的积极性，锻炼他们的口语能力，提高他们对高校语言学习的兴趣。

经过高校语文课堂气氛的一些尝试性改革，学生对高校语文学习的兴趣有了很大的提高，学习的自觉性也有了很大的提升，不再是以往的完全被动式学习。大多数学生可以在课堂实践中欣赏诗歌、文字、文章等作品。学习汉语，写作实践是必不可少的。评价优秀学生作品无疑是调动高校语文课堂气氛的又一法宝，在学生的作品被评价之后，学生能够更加清楚地认知到自身的不足与优势，因此可以有效地对自身能力开展针对性提升。

教学活动结束后，可以要求学生模仿教学内容或部分评价内容，进行相应的写作练习，巩固学生的写作能力。比如，在唐诗和宋词的教学中，指导学生模仿自己喜爱的诗人或词人的写作风格，在课堂上创作新的作品，在下一堂课上展现出优秀的作品。课堂上拥有的良好训练氛围，也成了提升学生自主学习意识的重要原因。改革的有效之处在于提高了学生的写作能力，从学生的考试反馈来看，经过几次调动课堂气氛的尝试，他们对自己的日常学习更加自信、熟练。例如，在学习优秀的诗歌、文字和创作之后，学生可以根据自己的兴趣创作诗歌。一些学生对小说更感兴趣，就应该开展小说专题学习与讨论，引导他们自己"试水"，进行小说创作。总之，良好和谐的课堂气氛是对美的一种享受。调动语文课堂气氛的新尝试，如现实生活、小组讨论、师生互动、课堂展示等，可以使学生和教师建立良好的课堂关系，调动学生学习语文的积极性，提高他们的写作能力，让学生"亲吻老师"，相信他们的方式。

二、开展语文沙龙活动

沙龙活动原意指的是在上层人物的客厅当中开展一些文化和艺术的交流，欣赏艺术作品，但是这个概念在发展的过程中也逐渐拥有了新的内涵。语文沙龙活动实行"上课—说课—评课—讲座"的顺序，每位教师积极参加听课、评课活动，切实解决好课改中遇到的疑难杂症。为了提高沙龙活动的实效性，可以邀请一些具有一定经验的教师开展。在语文沙龙进行的过程中，语文沙龙的目的必须要能够得到有效的贯彻落实——语文沙龙是为了有效提升学生的语文学习能力，并且在教师指导之下能够体现出创新的思维，为创新思维打造一个交流和发展的良好平台。在语文沙龙活动中，需要注重的一点就是要能够保证学生在沙龙中的主体地位。学生不同于教师，教师具有丰富的经验以及阅历带来的自信，学生由于没有进入社会，对于一些事物的认知较为浅显，往往会在沙龙当中显现出一些不自信和害怕，这时就需要教师帮助学生克服恐惧的心理，并且帮助学生大胆说出心中所想，帮助一个班级甚至是一个专业内部的学生开展有效的交流。文化沙龙除了对于学生能力的提升有帮助外，对于一个良好学习氛围的构建也有十分重要的意义。学生参与文化沙龙时，进行思维的碰撞，其所拥有的创新思维得到了更加广阔的探索空间，并且可以和其他人产生交流，这样一来也更加便于学生在思维的高度上得到提升，而且良好的氛围同时也能够带动一个专业、一个学校内部的学习积极性上涨。饱满的激情能帮助学生们在知识的海洋中探索与遨游，在已有的学习基础上，与他人进行思想的碰撞，产生出新的火花。学生学习并不是一个封闭的过程，利用文化沙龙的形式才能够真正地促使学生开展创新思维的应用。创新思维在交流和融合当中得到发展，而学生自身的能力也在其中不断地增强，这样才能够真正体现出创新思维对于高校语文教育的重要作用，教师也能够更加有效地发挥出自身的指导作用，帮助学生成为学习活动的主体，帮助学生培养创新思维，塑造健全人格，并提升自身对于语文教学的深刻认知，同时使学生和教师之间的关系更加密切。

三、创办文学社团

社团活动有助于提高学生的综合素质。所谓素质就是一个人在社会生活中思想与行为的具体表现。个人的智慧和气质是品质形成的起点。外部世界的直接经验和间接经验是质量发展不可缺少的诱因和物质条件。在加工外部材料的过程中，主体逐渐建立起自己的认知结构、情感结构和行为模式，最终将能力和价值的核心内化为个体素质，并与人格特征相融合。个人对待特定事物的态度和处理特定问题时所运用的知识和技能是语文能力和素养的外在表现形式。个人对特定事物的态度以及对知识和技能的运用，是素质的一种直观体现。社团组织的特殊培训是学生语文素质能力培养的重要影响要素，在重复训练中，学生形成了一定的气质或个性，这是社团活动对提高学生个人"素质"的作用。知识和技能的使用是质量的外在形式，这是从静态的角度看的。事实上，"知识与技能的运用"是质量形成的重要途径。实践是"真知识"，社团活动的重要价值是促进学生素质的提高。学校文学社团的建立，可以为学生创造良好的创作氛围，激发学生的创作兴趣，提高学生的创新能力，有利于推进素质教育和创新教育。

它可以为学生个性特征的发展提供广阔的舞台和空间，还可以培养学生的创新意识和创新能力，提高学生的写作能力和审美能力。学校竞争越来越激烈，会有更多的学生利用各种有形和无形的方式来提升自身的能力。教师也应该对学生进行一个客观性的综合评价，保证除了成绩以外还能够考查其他部分，如学生在文学社团组织活动中的表现而不是单纯以考试成绩为依据评价学生。创办文学社团组织，是帮助教师更加了解学生的一种重要手段。

四、自办语文学习报刊

哈佛大学前校长爱略特说："如果一个人养成每天读书几分钟的习惯，那么 20 年后，他的思想就会大大改善。"① 因此，我们应该善于引导学生拓展课外阅读。教师不仅要按照课程标准保证学生完成名著的阅读，还要坚持每周开放课外阅读，把名著和报刊推荐给学生。此外，学生还应该通过各种其他方式积极地开展课外阅读，如阅读报刊、上网、看电视等。因此除了教材以外，自办语文学习报刊是提升学生语文学习水平的一种有效举措。

五、创建语文学习网站

改善师生沟通环境，通过资源共享实现师生、学生交流的目标。例如，

---

① 爱略特.哈佛经典 [M].沈阳：万卷出版公司，2006.

在部分教学的扩展中，要求学生写一些关于环境保护的短文，并发表在互联网上，互相分享。然后教师指导学生阅读学生所写文章，帮助学生使用不同的字体和颜色来修改它们，激发其语文学习的自觉行动。教师还可以使用 QQ 群和 MV 等多媒体工具，为学生、教师提供典型文章，共同讨论和编辑，欣赏优秀作品。此外，在网络平台举办论坛，让教师、学生和学生之间形成互动。教学结束后，组织学生在校园网论坛上讨论社会热点问题，这是一个开放的交流，不受时间和空间的限制，它可以进一步激发学生的主体意识和独立的思维精神。教育主题学习网站是教育活动的网站，显然，专题学习网站离不开这个基本功能或任务。主题学习网站是一个以资源为基础、学习为基础的网站，它是在网络环境下研究的与一个课程或一个或多个学习主题密切相关。专题学习网站是一个专注于一个或多个课程和与课程紧密相关的学习主题的资源学习网站，它可以用来存储、传输和处理教学信息，它还允许学生自主学习和协作，并在线评估和反馈学生的学习情况。

第三章 高校语文创新教学的基本原则

第一节 高校语文教学原则的实质

一、遵循语文教学的基本原理

语文教学在当下已经成为教育体系当中最为重要的环节之一，而高校语文教学的基本原理体现在以下几方面。

一是"发面"原理。所谓发面在传统的北方所使用的是"面肥"，这种物品也就是上次发面所剩下的活酵母，能够在一定时间之后有效地使面发起来，这种道理对于语文学习来说也是适用的。在语文学习过程中，人们往往经历了多个时期，无论是幼年期、儿童期还是少年期，都主要表现为以下的特点：理解能力较弱，但记忆力相较于成年时期更好，这种情况所带来的影响也就是在前期对于知识的积累十分重要。学习语文时，需要能够在较小的时期打好基础，这样才能够成为"面肥"，帮助后期开展更加深入的学习。无论是学习文言文还是现代文，又或者是古诗词等，语文基础都会对学习成果带来十分深刻的影响。在高校语文学习过程当，语文基础对学生影响十分重要，为了能够更加深入地学习语文，需要能够将基础的学习作为语文学习当中不可或缺的一部分。

二是"序言"原理。在语文教学中，许多中国改革家一直在努力寻找语文教育应该如何逐步"序言"，教学在传统思想当中应该一步一步来，但是实际教学实践过程中，这种教学方式也并不是完全正确的。学习并不总是从简单到复杂，从容易到困难，从浅到深的。例如，今天语文教科书的编辑认为文言文很难，因此很多文言文选文被白话文取代。在各个阶段的教材当中文言文部分被删减得更少了，小学教材仅有三十余首古诗，初中教材估计有三十余种，高中教材当中有五十余篇文言文，高校语文相对要多一点。事实上，古典文学的学习需要背诵，越年轻越好，这一顺序应该颠倒过来，从难到易。小学教材，低年级主要是识字、单词识别和句子教学，而高年级主要是段落、文章教学。这是编辑的主观臆断。当孩子们学习母语时，他们在五六岁时候就学会了基本的语法规则。因此，没有必要从句子开始，比如，学习外语，到段落，再到文章，一步一步做的事情可以变成六个等级。古代蒙古语教育中一种集中式识字是编成"文本"来进行的，词不留字，字不留句，句不离段落，节不离文。只有这样，语文教学才能快速进行。现行教科书的顺序是不恰当的，其中存在的教学设计也需要结合时代的需求进行更改。鉴于此，我国中小学语文教材两个主要前言都存在一些问题。语文教学是"序言"，但这个"序言"不一定是从易到难、从简单到深层、从简单到复杂。语文教学要有效率，就必须找到自己的"序言"。这是语文教学中的另一个重要原则。

三是"不求甚解"。在语文学习过程中，学生对于语文各种知识的疑问并不一定非要寻求到"标准答案"，原因有很多，首先语文自身就是一门充满感性和个性的学科，正如对一个角色可以有多种解读一样，对于语文学生也可以采用多种理解方式去学习，语文的学习往往离不开一些主观色彩，语文学习不能够全部都寻求到标准答案，往往很多语文的答案也是因人而异的。不求甚解这个词对于其他科目的学习来说是错误的，但对于语文来说正是语文学习的原理之一，语文的美感以及感性来源于自身的学科特点以及它的文学内涵。语文不求甚解还能够体现在对于学习的方式上，很多学生在语文学习当中遇到了一些问题，就去一心寻求解决的办法。但是语文学习是一个具有深度的过程，一些阶段可能并不适合去解决这一问题，这也就需要学生能够先积累"量"，再去改变质，只有这样才能够真正地从量变达到质变，帮助探索语文真正的奥妙。对于文章来说，每一个阅读的人都会进行自己的加工和再创造，这也正是创新思维在高校语文当中的一种体现，创新的思考方式、创新的探索方向都会为语文的学习铺设更多的道路。

四是书面语发展原理，这也是高校语文的原理之一。语文教育对于学生来说无外乎培养听、说、读、写这四方面的能力。书面语发展来源于悠久的历史，并且伴随着时代的变化也产生了自身的创新以及变化。口语当中各种规则也需要通过有序系统的学习，而不是仅仅靠生活的经验累积。

五是先用后理的原理。通常在其他学科的学习过程当中，人们都先了解理论知识，再去进行习题写作、试验或者是研究，但是语文学习的过程与这些学科之间具有一定的差距，语文的应用体现在生活的方方面面，不可否认的是语文是每一个人最熟悉的学科，也是和每一个人联系最为紧密的学科，在这种环境下，语文课程当中涉及很多语言以及文学方面的理论，例如，修辞、写作手法以及语言特点等，这些理论都能够被归纳成为系统的理论知识，但是对于很多人来说明白并且能够应用这些理论知识都是具有一定难度的。我国传统语文教学，并不像现代的语文教学，例如，在传统的语文教学当中教育学生写对子，这种教育其实暗藏着对于语法、词语以及修辞、逻辑等多方面的学习，固然传统的教育方式不适用于现代社会，但是仍旧可以运用创新的思维进行一部分的应用，利用这样先用后理的手段，能够在一定程度上帮助学生获得不一样的语文学习体验和语文学习成果。

六是八股文原理。八股文作为封建社会一种选取官员的考试模式，对于现代社会并不适合，但是八股文也具有一些可取之处。八股文当中写作的内容以及体裁从本质上来讲算是一种古老的议论文，议论文对于当代的语文教育来说则是从初中开始就必不可少的一种体裁，所以八股文尚且具有一定的可取之处，但是必须要能够准确利用创新思维取其精华去其糟粕。学生的语文学习多半是从模仿开始的，而利用一个合理有效的格式去帮助学生模仿则能够有效促进其学习的进程。将八股文当中模式化和规范化的思想适当应用在当前的语文教学当中，能够在很大程度上帮助学生在具有自我创造的能力之前，取得一定的知识累积和模式学习。任何一个人从出生到成长的过程中都不能够忽视"模仿"的作用，当然模仿并不能够构成学习的全部内容，适当、合理并且带有创新思维的模仿能够帮助高校语文教育开展得更加顺利。

就我国目前实行的教育政策来说，能够朝向"多本多纲"的方向发展才能够真正展现出语文教育的创新思维的作用，才能够真正体现出语文教育对于高校教育整体结构的重要地位和作用。高校语文教育过程是一个长期的、潜移默化的过程，更是需要教师、学生以及教育机构共同开展变革的过程，在探索并且遵循原理的基础之上，才能够真正地体现出创新对于教学、对于研究的意义。

二、把握语文教学的基本规律

高校语文教学离不开对于语文教学基本规律的把握，而语文教学基本规律主要表现为以下几点。

第一，多读多写。所谓语文学习，实质上也是针对语文能力提升的一种手段，而语文能力的提升又离不开读和写。针对语文开展读和写的训练，并不是简单低效的读写，而是建立在明确目标方向之上的读写。多读多写能够有效帮助提升语文的能力，并且在语文教育当中已经经历了多年使用并且积累了宝贵的经验。在当代的语文教学过程当中，读写仍旧占据了语文教学的主要途径，语文教学利用读写来培养学生的能力也是对现代教学论当中语文实践观点的一种践行。阅读和习作构成了语文最主要的实践渠道。大量的阅读和习作能够帮助学生增强自身读写的能力，也是对于语文基础学习的体现。在九年义务教育阶段中，教育部对学生的课外阅读量就进行了规定，保证在义务教育阶段学生能够达到400万字的阅读量，这是从数量上对于阅读进行了规定，在高校期间虽然没有类似于义务教育阶段的语文课外阅读量的规定，但对于学生来说，也需要能够保证阅读大量的文章，以开阔知识视野，无论哪个阶段，阅读都能够成为自身提升素养的有效手段。写作对于学生应当是一种有效的能力体现，无论是古代还是近代，优秀的作品都能够代表一个人的文学素养，而且在当代各种培养文学素养的途径还包含了体验、调查、访问等多种方面，学生在语文学习以及教师开展语文教学的过程中离不开对于"写"的重视，用文字来表达才能够真正体现语文在文学方面的特点。

第二，训与练合理结合。训练对于语文学习来说并不简简单单是习题以及作业，而是需要教师和学生能够从训、练两方面来进行。首先是训的角度，这一方面教师能够发挥出十分重要的指导作用。学生学习的过程从根本上来讲离不开教师的传授和知识的渗透，教师开展教学也就是对于学生的"训"。而练则面向的是学生，学生无论是自主地练，还是为了能够完成教师布置任务地练，都是高校语文学习过程当中必不可少的。在训和练的过程中还需要能够体现出创新思维的作用，创新的方式有效帮助学生和教师在一个充满生机的环境当中开展学习活动，高校语文的教学也不会由于学科的沉闷而导致课堂和学习过程的无趣。高校语文在训练开展时刻，从教师角度来说可以有效地融合创新的思维，不断提升自身训的方式和能力，吸收一些教育领域的先进经验，并且结合当下学生的喜好以及特点开展"训"，而学生在"练"的过程中也可以通过自身对于已有的方式进行创新，寓"学"于乐，在一个新颖的环境下开展练习，巩固已有的基础，探索未知的语文知识世界。著名教育学家叶圣陶曾经说过，训练不是烦琐的讲解，这也是对于传统死板讲解教学方式的否定。训和练能够合理结合，才能够更加发挥出教师与学生两个主体的主观能动性，达到 1+1 ＞ 2 的效果。

第三，循循善诱。高校语文教学离不开教师对于学生的指导和引导。当学习者了解到自身对于知识的探索仅仅得到了一定的成果，而已得到的成果在整体的知识学术海洋当中仅占到了很小一部分时，就会激发起对于未知领域的好奇心和探索心，从而有效帮助学生树立起对于学习的求知欲。

三、汲取语文教学的实践经验

语文教学的发展历程从一定程度上来说也正是语文教学经验不断累积的过程，语文教学通过实践得出各种教育的方法和理念，在语文教学的历史中，每一位教师在工作岗位上都会对教学工作积累一些新的体验，这些体验的积累也成为日后语文教学的重要参照。语文教学当中实践的经验包含方方面面，而在实践当中语文教师经历了不同教学理念和教学方法的应用，就能够真正了解到学生喜欢风趣的、有内涵的课堂，厌恶的是古板老套的课堂。学生对于知识的探索心和好奇心也受到教师教学能力和教学方法的影响，所以教师必须要认真总结经验，提升自身能力。昨日的教学实践可以成为今日的教学经验，教师总结经验提升自我时，是从庞杂的教学经历中筛选重要的内容，而不是盲目地照搬。教师在语文教学过程当中利用创新的思维进行经验的筛选和积累，同时学生也可以有效积累自身在学习过程当中所经历的各种情境，从中探索出一条适合自身发展、适合自身学习语文的道路。

语文教学的实践经验累积是语文教学原则的内容，同时也能够帮助教师坚持语文教学的原则。高校语文教学不同于小学、中学的语文教育，教师所面临的教学内容以及学生的情况都有较大的差异，并且高校阶段的语文教育往往也会受到整体学习环境的影响，没有了应试教育的强硬要求，学生对于语文产生了松懈、忽视这都是十分常见的现象。在以往的高校语文教学当中教师所积累的经验也会因为时代的变化而产生一些不适用性，只有能够永远跟上时代步伐，利用创新的思维、创新的手段，才能够保证语文教学朝向更好更高质量的方向不断进步。

第二节　高校语文教学的基本原则

一、工具性与人文性统一的原则

高校语文教学当中一个十分重要的原则就是保证工具性和人文性可以得到统一。高校语文脱离不开语文的本身特质，语文作为生活和工作当中不可忽视的交际工具，对于文化的构成来说十分重要。在教育部针对语文教育所规定的课程标准当中针对语文教育的性质认识增加了"工具性和人文性统一"的原则，语文课程当中不可忽视的是培养学生在现实当中对于语文的应用，但是同时也并不会抛弃语文所具有的人文性。目前我国进行的教育都不能够离开人文性。人文教育指的是针对受教育者开展一系列能够帮助其开展人性境界提升以及理想人格塑造的教育，人性的教育必然需要培养人文精神。人文精神来源于欧洲文艺复兴时期，对于人的本性的强调融入艺术当中，艺术不再仅仅是冷冰冰的文字、符号，而是充满了人性温暖和人文光辉。教育不是对器件的塑造，而是对人的培养，工具性和人文性的结合才是真正的教育原则，并且在高校语文教育当中应当得到良好的体现。

很长一段时间，学术界对于语文学科的人文性和工具性都开展了深刻的探讨和争论，不同的学者对于语文学科的性质探讨具有不同的观点。工具论者认为语文作为一门学科，实质上是一种对思维培养和信息传递的工具手段；而人文论者则认为语文教育对于学生和教师来讲，都是站在人的角度去进行教育，教育离不开人性的特点和培养人的目的。人文论者对于语文学科的认知就是将人文性当成了语文学科的本质属性。这两种论调在一定程度上都具有片面性，实质上的语文教学应当在人文性和工具性的和谐交融中进行，不忽视二者当中的任意一点，同时也不能过分偏向于哪一方。丁培忠先生曾经说过，语文这种工具是进行思想交流的工具，使用的过程当中也必须要赋予其一定的思想、情感以及想法。①

高校语文所面对的学生具有较强的文学基础，同时也由于年龄的特点，不同于中小学生，高校学生能够更加容易理解语文这个科目中人文性与工具性统一的特点，这是高校学生年龄阶段和文化基础对语文教育的一个好

① 丁培忠. 小学语文教学探索 [M]. 呼和浩特：内蒙古教育出版社, 1987.

处。在很多课堂的内容当中，文章或是诗词所表现的工具性和人文性侧重点是不同的，有的课本偏向于工具性，那么在这样的教学当中就可以侧重传授学生关于听、说、读、写方面的知识；而一些文章充满着文艺气息，这就需要教师侧重于向学生传授人文方面的内容，帮助学生沉浸在一个充满美感的氛围之内，感受语言和文学带来的美的享受。但是从整体的语文教学规划上来看，工具性和人文性在大体上是保证一种平衡的，这样才能够不失偏颇，从全方位为学生的创新意识培养和语文能力提升做出保障。

二、阅读与写作并重的原则

阅读与写作并重的原则在很久以前就被教育学家重视，只有保障写作和阅读能够在一个合理的平衡范围之内，才能够开展有效的教学活动。著名教育学家叶圣陶先生就针对语文教学提出过以下的观点：语文教学在以前只有读和写两个部分，但是实际上读往往不受重视。从中不难看出，"写"在语文教育的历史中就是受到重视的部分。读和写哪一部分是更重要的，这是教育发展当中语文教学始终存在的问题，真正能够全面提升学生能力的方法必然是将阅读和写作并重，将二者共同作为语文教育不可或缺的部分。语文教育过程当中对于学生来讲最主要的目的是能够全方位提升自身，而只有能够保证阅读和写作并重，才真正是"全方位"的体现，在语文学习时不能够离开的是阅读和写作相辅相成，共同构成语文的学习框架。

阅读和写作并不是完全交融的，它们相互独立又相互影响，首先阅读可以为写作提供服务，一定的语文阅读能力是写作的基础，如果缺乏阅读，那么写作就会变成闭门造车，封闭的环境和封闭的思维无法进行优秀的写作实践。叶圣陶先生的观点中，教师对学生的阅读指导能够有效提升学生的阅读能力，并且能够为学生其他方面的语文学习打好基础。阅读能够有效打开学生的视野，在一个更加广阔的环境下进行知识的吸收，写作如果成了阅读的最终目的，那么也就会导致阅读的目的不再纯粹。阅读本身是一个开放的过程，阅读经典的作品就如同和具有智慧的长者对话沟通，阅读的内容、品位和方式都可以在教师有效的指导之下取得良好的成果。阅读还能够有效帮助学生开拓创新思维空间，帮助学生提升自身对于文学知识的了解，使得创新思维不受到狭窄知识面的限制。

写作教学对于语文教学来讲拥有的重要意义之一体现在养成学生经验积累和技术磨炼的习惯上。学生在写作的过程当中实质上也是对于语文学习基本功的使用，而语文学习当中写作也占据了十分重要的位置。如果缺乏写作的练习，那么学生就会无法将已经拥有的知识进行组织和归纳，脑海当中的知识点处于一个较为朦胧的状态，同时无法将学到的知识转化为自己的话。学生为了走出这种朦胧的状态，就不得不多练笔，作文练笔必须要有效表达自己的真实情感，同时还需要能够保证利用合理的方式方法继续激发，对字词和句子，乃至文章的整体构架都需要有一个宏观的布局。

在上文对于八股文有所提及，八股文的弊端是将写作的构架完全限制在了固有的模式当中，适当的模式化可以帮助学习开展进程加快，但是过度的模式化则成了学生学习的阻碍，语文写作教学正需要摆脱这种阻碍。教师帮助学生开展写作练习也需要从兴趣的角度进行激发，无论是何种写作内容，学生必须要有兴趣才能够真正写出心中所想。在我国语文教育当中，应试教育体系下的命题作文常常被称为是学生创造力和创新思维的阻碍，但是即使在命题作文的背景之下，学生如果可以将自身阅读的内容和人生的阅历转化为文字，也能够不违背语文教学的初衷和目的。写作教学和写作都离不开生活的熏染，生活是艺术的来源，在生活中学习的知识、经历的事物都会成为写作的素材来源。作文也可以称之为生活的一部分，阅读并不是写作唯一来源，阅读和写作之间的关系相互独立却又具有关联，写作的内容也可能会促使学生去阅读一些资料和书籍，合理处理二者的关系，能帮助学生在创新的思维环境下学习语文。

三、文道统一的原则

对很多学科来讲，高校阶段是一种探索深度的升华，同理在语文的学习和应用当中，也不再局限在义务教育阶段以及高中阶段的学习层次，而是向更深的层次逐渐发展。文道统一指的是文章内部的思想和它的语言表达形式能够得到完美一致，这是语文的基本技能，需要教师和学生在开展语文学习教育的过程当中兼顾语文训练和思想方面的教育。在我国古代史中，常常把一篇文章、一首诗词的内涵思想称为"道"，道没有固定的内容，在不同的情况下，在不同的文章内部也具有不同的含义，文章所采用的表达形式被称为"文"。现代的语文教育当中，"文"和"道"指的是基本的技能以及思想这两个重要方面，文道统一的原则也是保证语文教育质量的基本原则之一。很多教师在教学的过程当中体会到了工具性人文性平衡的重要性，但是对于语文言语性的属性有一定的忽视。

早在古代，教育家和学者对于语文的教学就认识到了需要文道统一，文以明道，文以载道，这些都是语文教学流传下来的思想。而在近现代的语文教育当中，教育专家们也逐渐认识到了文道统一对于构建语文教学合理框架的重要性。语文课程作为一门教育规划中必有的学科，其真正的意义十分丰富，其中培养学生热爱国家的思想也是十分重要的一点。品德和思想的教育能够体现在教师的教学设计和教学计划当中，例如，在当代的高校语文教育当中，很多近现代文学表现出了深刻又强烈的封建主义批判，鲁迅在小说《狂人日记》当中对于封建主义"吃人"的本质就做出了深刻的揭露。在文学作品当中，表达出的情感可以跨越时间和空间的限制传递到读者的心中，这也正是文道统一的一种体现。"道"的传承利用了文字作为载体，在历史中不断延续，并且通过教育传递到学生的心中，这正是文道统一的意义所在。即使不能够身处在同一个时代，但是通过文学作品也能够了解到一个时代的特点，深知一个时代的悲欢喜乐。

四、文史哲整合的原则

文学、史学、哲学这三个概念本身既具有一定的独立性，同时又在文学的范畴中相互交融，高校语文教育的原则之一，也就是能够将这三者进行整合。文学是一种语言艺术形式，也是语文最为人熟知的一面，哲学则是对于世界进行原理层面把握的一门学术，史学又被称为历史学，对于人类社会发展变迁的过程以及其中的规律进行揭示和阐述，这三门学科从表面上来看具有差距，各不相干，但是却在本质上有一定的关联，而且在高校语文教育中，也坚持着文史哲整合的原则。文史哲的结合在很多文学作品当中都拥有十分明显的表现，例如，在《巨人的陨落》当中，作者就利用针对战争的描写描绘出了一部让人感慨的历史赞歌。这本书的背景是在第一次世界大战前后，英德俄美等国家不同家族的主人公命运在历史洪流当中所发生的变化。每一个人物的命运和成长都和这个时代紧紧结合在了一起，世界的变化、时代的发展都体现在了文字当中，这部作品中对于人生和世界的描述，从哲学的角度来看也具有十分深刻的意义。文史哲的整合在这部作品当中表现得淋漓尽致，让人也能够了解到文史哲这三个要素是如何在同一部作品当中出现，并且成为这部作品成功的原因。文史哲统一的文本在古今中外经典作品中并不少见。文史哲整合的原则在语文教育中，从小学、中学乃至高校都保持着极其重要的影响，只有能够将这三者有效结合才能够真正体会到历史当中不同文学作品的深刻价值。

在我国文学发展史当中，文言文承载了众多的文学、史学、哲学内容，这些都是古人的智慧保留的一种形式。文言文的作品中往往蕴含着丰富的人生哲理、史实记载以及文学的价值。例如，在《诗经》当中，对于我国在当时的社会现象有了正面且真实的描写，这是文学作品在史学方面的价值，而赋比兴等多种表现手法也是中国诗歌在文学方面具有重要价值的经验总结，同时在《诗经》中也包含着人生和自然界蕴含的哲学理念。在《诗经·王风·黍离》中，就有"知我者，谓我心忧，不知我者，谓我何求"这样的人生哲学。文史哲的整合是语言文学发展经历多年而拥有的特性，同时也应当成为语文教学中所重视的原则。语文教学能够从文学、史学和哲学三个方向入手，不仅可以提升对教材内容的解读深度，更能够帮助学生培养创新的思维和乐于探索的习惯。

第三节　高校语文教学原则的实践

一、明确高校语文教学的指导思想

高校语文的教学需要拥有整体观，并且整体观的把握对于教学的成果影响十分深远。高校语文作为一门公共必修课具有重要地位。高校语文以培养学生的人文精神、品德素养以及艺术修养等为目标，为了能够促进高校语文的更好更快发展，首要的就是树立起正确的整体观念。高校语文的教学内容往往是选择具有艺术价值的文学作品，教师在开展语文教学之前必须针对语文教材的内容拥有一个整体的认知。教材中提倡的是理性精神，同时不可以忽视人文的关怀，人的主体地位是教育当中不可忽视的，古今中外的文学教育都离不开对于人的价值的肯定。在高校语文教学实践中教学理念和方法的掌握也要从整体的角度出发，有效体现出对教学内容的合理解读。高校语文教育当中对于文本进行解读需要从整体的角度，立足于文本，还需要结合时代背景以及其中所蕴含的哲学内涵进行解读，这也正是对于文史哲整合原则的一种有效的应用。教师在教学当中也要体现出自身的学术品位，教师要既专注于语文教学的本体，又拥有一定的知识存储，而不是仅仅局限在文本当中。高校语文教学还可以通过创设链接的方式，打造一个课内外相结合的整体课堂，帮助学生在课内和课外都进行良好的整合接入。高校语文课程的开设目的是提升高校学生的人文素质，而从整体宏观的角度去开展的教育能够使得学生接受的教育更加全面，并且有助于学生有一个广阔的空间进行思维的创新与发展。

高校语文对于学生和教师的能力培养都是具有助益的，能力观也正是语文教育过程不可或缺的一部分。高校阶段对于学生的能力培养来源于多方面，高校语文教学能够有效帮助学生建立起高质量的审美观，对于文字的审美能够体现出一个人的内涵和素养，审美的养成也离不开学习的渗透。高校语文在对于教学对象开展知识基础渗透以及审美判断的渗透过程当中，能让学生感受到多种多样的美，无论是自然的名山大川，还是人文的情感精神，这些美都可以通过语文的学习渗透给学生。语文也能够帮助学生培养创新的思维和能力，学生对已知的内容提出质疑和问题，对未知的知识产生求知欲，都离不开语文对于创新思维的培养。同时，高校语文还能够帮助学生锻炼观察的能力，观察文字及其隐藏的内涵，这些都是语文教学独特的魅力。高校语文对于教师来说，教学的指导思想就是从整体把控教学计划，同时又可以在多方面综合培养。

二、突出高校语文的教学特点

高校语文教学的特点表现为多方面，其中因材施教最为重要。高校语文的教学特点在因材施教这一方面需要从对学生特点的把握以及教学方式的选择两方面入手。首先是对学生特点的把握，在不同的学校内部，学生大体上仍分为文理两个主要专业方向，针对文科专业的学生可以选择《高校应用语文》等教材，并且在教学内容的选择方面也可以多进行深度的强调；而针对语文基础较为薄弱的工科、理科学生来说，选择深度较低的教材，也能够有效帮助学生跟上教学的进度。教育的对象自身的特点是不可被忽视的，教学的方式选择也需要结合时代背景以及学生的需求来进行改变，在 21 世纪，语文的教学可以结合各种信息技术和创新手段，而不是像传统的教学方式一样被局限在黑板、纸质教材当中。

高校阶段，学生年龄和社会阅历逐渐增长，对于高校语文教育的需求也逐渐朝向更加广阔的方向发展，语文教学更是朝向创新的方向和多重的维度不断前进，高校语文教学的特点离不开这一阶段教学的内容和教学的目标。

三、创造学习语文的有利条件

创设各种有利于语文教学的有利条件，是为了能够更加有效地发挥出语文教学的作用，提升学生学习语文的质量，同时也是践行语文教学各种理念的一种有效手段。

首先，需要打造一个宽松和谐的教育环境。语文学习在一个宽松和谐的环境之下，学生对于语文的课堂不再产生畏惧、厌恶，这也是一切教学理念实施的前提条件。

其次，要让学生勇敢发出质疑，只有质疑才能够带来思维的碰撞，创新的思维因为质疑而获得活力，课堂也会由于质疑的存在而变得民主、自由。质疑的声音是创造性思维的一种表现，教师应当从多个角度保护学生的这种思维，同时也鼓励学生通过质疑来表达自身的看法。

最后，构建探索性的思考问题，也是有利于教学的条件之一。语文的课堂离不开教师通过抛出问题引发学生高度的思考，但是这种提问的方式如果仅仅采用传统的方式也不能够取得有效的作用。探索性的思考题才能够让学生发挥自身的主观能动作用，将外界赋予的知识转化为自身的能力。教师在指导学生学习课外文章时，给予学生足够的空间，让其能够开展个性的探索，打造一个良好的学习环境和学习视野，让学生能够真正从文学的宏观角度来学习语文。教材并不是语文教学的全部内容，更不是文学的全部内容，有很多充满价值的作品没有被收录到语文教学的内容当中，通过开拓对于文学的视野，了解到语文学习的深度和广度。语文的学习是对一门学科的探索，这种探索没有止境，也没有死板的约束，个性的发挥带来的是对语文真谛的探求。

四、培养会学语文的智慧品质

语文中的"智慧精神"代表的是知识、文化以及精神、人格的融合，语文智慧精神对于很多语文课堂来说是欠缺的，缺乏语文"智慧精神"的教学无法全面培养学生的语文素养。语文教学无论在什么阶段都不能够摒弃对于学生语文智慧的提升，而这种智慧品质提升手段主要包含有以下几点。

首先，培养纯正积极的语文趣味。在教师的指导和自身的探索之下，学生不断提升自身对于语文的审美情趣，这也可以说是为语文的学习指出了光明的方向。在一门学科的学习当中，正确的方向能够让学生避免很多弯路，也能够有效提升学习的质量。例如，对于八股文的废弃，这是时代淘汰的结果，也是对于学习方向的一种判断。八股文之所以被时代所淘汰，正是因为其僵化的思维方式限制了人的思维活性，让学生只能在一个框架之内发展，无法冲破牢笼，所以八股文不能够适应时代变化。这种淘汰对于现代的学生来说也是一种启示，曾经使用过的教学方法并不能够代表正确，只有适合当下、适合自身的教学方法、学习手段才能够成为学习的推动力。同时学习的目的性也要单纯并且高尚，学习并不是为了能够满足自身的私念，也不是获取财富的垫脚石，这种错误的观念在教育当中应当由教师纠正。语文学习时，教师对于学生的思想教育是不可或缺的，错误的学习理念不仅不能够培养出对社会有用的人才，反而会培养出不适应社会的人。

其次，能够掌握基础语文知识，使得自身拥有基础知识和能力所带来的语文智慧。在我国传统的教育当中，对于语文教育的习惯培养具有一定的科学道理，"好记性不如烂笔头"，这不仅仅是强调勤学多练，更是针对读书学习习惯重要性的一种阐释。在学习时保证拥有良好的习惯，例如，定期阅读优秀的文章和文学作品，遇见优秀的文学素材和诗句进行摘抄等，这些都是具有一定代表性的优良习惯。互联网的时代，真正的阅读已经越来越难得，读书是一种人类跨越时间和先人交流的活动，静下心来读一本书，练几篇字，都是对于语文基础的有效巩固。

最后，将语文和生活相结合，在生活当中，一个人所听到的、说到的和思考的内容都离不开语文，将生活作为语文的应用场所，同时也作为语文的学习来源，这样才能够真正体现出语文学习的智慧品质。语文和生活无法割裂，二者相互交融，共同延续在历史的长河当中。

五、探索创新教学的有效方法

教学的方法对于教学的质量会产生直接的影响，学生和教师都应该成为创新教学的推动者，其中教师所起到的作用是最为重要的。探索创新教学，首要的做法就是能够针对高校语文课堂教学的模式进行一定程度的改变。教师通过抛出问题的形式来使学生展开小组范围的讨论，例如，教师在讲授一篇有关于爱国情怀的文章时，对于学生可以提出以下几个问题：作者对于爱国的态度如何？做法如何？而当代青年对于爱国的态度和做法又是怎样呢？创新教学就是需要能够将教育和时代结合起来，文章当中的时代背景是已经发生的，而当代正是真实学生所处的背景，二者结合才能够真正体会到语文教学对于人格健全培养的重要作用，同时也是语文教学现实意义的体现。

教师进行语文教学时，将自身创新教学的意识体现在具体的教学活动当中，转变传统思想，为学生带来新的学习体验，这就是创新教学的有效方法的具体体现。高校语文教学工作所渗透的创新意识是一个教师自身知识结构掌握的体现，也是教学理念的体现。高校语文课程越来越成为人才培养的重要组成部分，教师也需要不断吸收先进的思想和经验，应用到教学当中。高校语文教师首先要拥有扎实的文学研究能力和基础，同时又能够具有明确的教学目标，21世纪的教育不同于传统的语文教学，创新的理念要从教师到学生全面地渗透。创新课堂教学模式对于教师做出的要求是越来越严格的，教师不断提升自身的素质，并且开展教学技能的提升，力求可以使用正确、合理的引导方式帮助学生进行语文学习。

高校语文的创新教育模式，还体现在教学评价的机制改变与重建方面，传统的教学评价机制虽然有一定可取之处，但更多的是参照卷面分数，忽视学生的思维能力和素质培养。这种评价机制不仅无法有效针对学生展开评价，还有可能降低学生的学习积极性，导致学生失去对于语文学习的兴趣和探索心。教师创新评价的机制，首要考虑的是卷面和学生的思维能力两方面，创新的思维对于学生来说是难能可贵的，也是高校语文教学的重要目标之一。新课标的教学体系之下教学评价可以采用多种手段并行的方式，帮助学生进行各个方面的检测。

创新高校语文教学考核评价的方式，摒弃单一的笔试，增加面试、日常作业等多种方式，这样能够从一个更加立体和客观的角度评判学生在一阶段内语文学习的成果。同时也保证了语文学习质量检测的公平性和公开性，高校语文教学方式的创新是时代发展的必然，同时也是学生对于更高质量教育的一种需求。系统性的考核方式，创新的教育理念，高效的教学手段，无一不是在当下的社会环境中有效提升教学质量，促进人才培养的有效手段。更为重要的是，学生创新思维与高校语文的联系也会因此更加密切融洽，学生得到综合培养、全面提升，在不同的环境下都能发挥出自身的价值。

第四章　高校语文教学方法与教学过程

第一节　高校语文教学过程概述

一、教学过程概念界定

教学过程，就是教学进程或教学程序，它反映了教学活动从开始到结束的经过阶段。教学过程各个环节之间，既相对独立又紧密联系，并且有规律地交替和推进。教学过程是教学活动的核心。一般认为，教学过程是教师指导学生的一种特殊认识过程；也有人认为，教学过程不仅是认识过程，也是促进学生身心发展的过程；还有人将前面的观点综合起来，认为教学过程是多重复合的过程……无论哪种理论，都对当时的教育教学改革有过重要的影响，都对教学过程本质的研究起着促进作用。教学过程是人类认识过程的一种形式，因而也要遵循人类认识过程的一般规律，即由实践到认识，再由认识到实践。但是，它又是人类认识活动中的一种特殊形式，这种特殊性表现在学生的认识活动对象主要是接受前人已经总结出来的知识，以学习间接经验为主；教学过程也是师与生、教与学的"双边"活动统一的过程，这一对矛盾贯穿于教学过程的始终。从传授知识和技能方面讲，教师是矛盾的主导方面，从获取知识和能力方面来讲，学生又是矛盾的主导方面。教学过程还是一个形成和谐健康人格的过程，学生不仅要掌握知识、发展智力，还要形成良好的思想品德与高尚的情操。对于教学过程这些研究成果，作为语文教师应该从根本上加以把握。在上述理论指导下，我们认为，中小学语文教学过程，就是指中小学语文教学的实施过程，是教师有目的、有计划、有组织地指导中小学生积极学习语文，掌握语文基础知识和基本技能，发展智力，逐步提高语文素养并且陶冶情操、完善人格的过程。

二、语文教学过程的要素

语文教学过程的构成至少包括教师、学生、教学内容、教学方法、教学环境五个要素。

（一）教师

教师是语文教学活动的领导者和组织者，在语文教学中起着调控和主导作用。教师必须根据学生的学习目的、学习需要，调动自身的教育观念、教学能力，对教学内容进行组织加工，并选择恰当的教学方法和手段，向学生传授知识、技能，促进学生的学习活动按照既定的目标进行。

（二）学生

学生是完成语文学习任务的主体，是语文教学的出发点和归宿。要把知识转化为学生的能力、智力，必须通过学生自己的认识和实践才能实现。学生的学习情况和学习效果是检验教师教的主要依据，教师的教只有依赖于学生的学才能产生预期的效果。

（三）教学内容

教学内容，不仅仅是指教材，还包括语文教师选择、提供给学生学习和掌握的一切语文信息。

（四）教学方法

教学方法，是教师和学生为了实现共同的教学目标，完成共同的教学任务，在教学过程中运用的方式与手段的总称。

（五）教学环境

教学环境，就是影响教学活动的各种外部条件的总和。

以上五个要素，在语文教学过程中各自发挥着不同的作用，相互之间有着十分紧密而复杂的联系，共同构成一个矛盾的综合体。例如，语文教师和学生的矛盾、语文教师和教学内容的矛盾、学生的认识和教学内容的矛盾、学生和教学环境的矛盾……这个综合体一经运转起来，多种矛盾都会体现出来，其中任何要素的性质和状态发生变化，都会影响其他要素乃至整个系统的性质和状态发生变化。因而我们认为语文教学过程首先是一个复杂的、动态的、多层次、多类型的综合系统。

第二节　高校语文教学过程的主要模式

西方关于教育本身的规律、特性以及教学过程的探索，经历了一个漫长的发展过程。古希腊哲学家德谟克里特、苏格拉底、亚里士多德，古罗马教育家昆体良等对教育本身的规律、特性以及教学过程都有许多相关的论述。但这些论述都是分散的，带有经验描述性质的，并且主要是采用直觉和思辨的研究方式。17—19 世纪出现专门研究教育一般规律的教育学，如夸美纽斯的《大教学论》、洛克的《教育漫话》、斐斯泰洛齐的《裴斯泰洛齐教育论著选》、赫尔巴特的《普通教育学》、福禄培尔的《人的教育》、斯宾塞的《教育论》等，它们成为教育科学的基础理论著作。其中，捷克教育家夸美纽斯和瑞士教育家裴斯泰洛齐二者关于教学程序的主张，可以看成是近代教学过程理论的萌芽。

夸美纽斯（1592—1670）是捷克伟大的资产阶级民主主义教育家，西方近代教育理论的奠基者。在他的著作《大教学论》[①] 中，夸美纽斯对教学内容、方法及其艺术进行了详细的分析和说明，提出了一套教学原则，

---

① 夸美纽斯 . 大教学论 [M]. 傅任敢，译 . 北京：教育科学出版社 , 1999.

如直观性原则、循序渐进性原则、巩固性原则等，奠定了教学论的理论基础，其中的循序渐进原则，即是现代教学过程理论的雏形。

裴斯泰洛齐（1746—1827）是瑞士著名民主主义教育家，也是世界上享有盛誉的教育理论家、实践家和改革家。他通过一系列教育实践探索，在教育史上第一个建立了初等教育理论和分科教学法，并且提出从直观开始以练习结束的教学程序的主张。

一、国外教学过程模式

1. 赫尔巴特"四阶段教学"过程模式

赫尔巴特（1776—1841）是德国哲学家、心理学家和教育家。赫尔巴特出生于一个律师家庭，从小受到严格而系统的家庭教育，也广泛接触了各种新思想。高校毕业后，他像当时许多文人一样，在贵族家庭中担任家庭教师。1799 年，赫尔巴特在布格多夫学院结识了裴斯泰洛齐，了解并研究了裴斯泰洛齐的教育理论。1806 年，他撰写了《普通教育学》①，并在哥尼斯堡高校创办了世界上第一所教育研究所。在长期的理论研究和教学实践中，赫尔巴特创造了一种新的教学法。他认为，课堂教学过程应是一个完整的结构，要按照儿童心理发展的阶段及其特点来选择相应的教学方法。他提出了三种教学方法：叙述教学法、分析教学法和综合教学法，并

---

① 裴斯泰洛齐.裴斯泰洛齐教育论著选[M].夏之莲，译.北京: 人民教育出版社，2001.

把教学分为四个阶段：明了、联想、系统和方法。

第一阶段：明了。即呈现教材。教师让学生明确地了解教材内容，为了掌握新教材，学生必须集中注意力，深入研究学习材料，正确理解所学内容。这一阶段从教学方法上应采用叙述教学法。

第二阶段：联合（又称结合）。即教师运用谈话方式，协助学生把上一阶段获得的新知识和旧经验发生连接，便于知识的吸收、消化，深入理解所学内容。这一阶段在教学方法上属分析教学法。

第三阶段：系统（又称概括）。教师在协助学生掌握新、旧教材与经验间关系的基础上，指导学生对知识进行深入的探究，对所学知识进行整理和综合，使之能够融会贯通，并且从中寻找到规律，得出自己的结论。该阶段运用的教学方法是综合教学法。

第四阶段：方法。这一阶段是要使学生把系统化了的知识运用于实践，即运用所学的系统知识进行练习或作业。在上述教学过程中，学生掌握知识、发展兴趣及运用教学方法构成如下相互配合的关系。

赫尔巴特的四阶段教学过程，主要建立在他的心理学基础上，他能够比较细致地考虑到学生学习时的心理状态，根据学生不同的心理状态和不同的兴趣阶段进行教学，认为不同阶段应采用不同的教学方法，这些都有助于知识的传授和掌握。可以说，赫尔巴特的阶段教学在一定程度上揭示了教学过程方面的某些规律，应给予充分肯定。后来，赫尔巴特的学生席勒等人进一步发展了这种"四阶段教学",形成了"预备(提出问题、说明目的)、提示(提示新课程、讲解新教材)、联系(比较)、总结、应用"五步教学法。这种方法强调了教师、教材和课堂的作用,一直被认为是传统教学的标准模式,此模式在洋务运动时期传入我国,并广泛运用于我国中小学课堂教学。

赫尔巴特首创的四阶段教学过程,开始了教学过程理论模式的建构。随后,德国教育家齐勒尔(1817—1882)、赖因(1847—1929),美国哲学家、教育家杜威(1859—1952)、苏联教育家凯洛夫(1893—1978)等纷纷在此理论基础上不断摒弃与发扬,提出和论述了自己的教学过程主张。

2. 莱因"五段教学"过程模式

莱因的"五段教学法"是指"预备(复习)、提示(讲授新教材)、联想(比较抽象)、概括(规则化)、应用"。1902年清政府颁行《钦定学堂章程》,采用班级教学制,使用的即是这种"五段教学法"。

3. 杜威"五步教学"过程模式

杜威认为应将教育活动的逻辑过程定位在研究和探索领域,提出由"问题、观察、假设、推理、检验"组成的"五步教学",大致类似于科学研究的一般过程。

4. 凯洛夫"五环节教学"过程模式

凯洛夫是苏联教育家。他的五环节课堂教学结构分别是组织教学、复习旧课、讲授新课、巩固新课、布置作业。这个教学模式于 20 世纪 50 年代在我国普遍推行，我国的语文课堂教学形成了相对固定的教学过程结构。

必须看到，这些课堂教学过程模式都存在着较大的局限性。概括起来，局限性有以下几点：第一，都以传授书本知识为主，忽视学生发现性、创造性的培养。第二，在对待师生关系上，都主张以"教师为中心"，重视教师的主导作用而忽视发挥学生的学习主动性，没有从教与学的相互作用上来反映教学的总体特征。第三，拘泥于一成不变的教学模式，千篇一律地施教，教学过于流于形式，这种死板的要求，既限制了学生的积极主动性，也束缚了教师的灵活性和创造性。第四，都对学生学习过程中非智力因素的作用缺乏重视。

20 世纪 50 年代以来，全世界都掀起了教学改革的大潮，教学过程理论历经演变，革故鼎新。比如，美国心理学家布鲁纳的"课程结构"，斯金纳的"程序教学"，苏联赞科夫的"小学教学新体系"，巴班斯基的"教学过程最优化"，德国根舍因等人的"范例教学"等，其共同点之一就是探索新的教学过程结构，教学过程理论建构得以不断地发展。尽管上述教育家们所处的时代不同，立足的哲学思想体系不同，研究问题的方式也不同，但究其本质却有许多相通之处，既有值得肯定、借鉴的一面，也有自身的局限性。其中值得肯定的方面概括起来大致有以下两点：第一，都注重过程的学习，明确提出教学是一个过程而不只是一个结果。第二，都注重新旧知识的衔接，注重促进知识的迁移，主张学习主体在学习过程中通过积极的思索，发现新旧知识、经验内在的联系，再利用这些联系去获取新知识、新技能。

二、语文教学过程的主要模式

和西方一样，教学过程在中国的探索也是一个古老的命题。尽管从先秦到 1903 年以前我们都没有独立的语文学科，但语文学习的活动却源远流长。春秋战国时期，儒家学派就开始了对学习过程中认识因素的探究，产生了学习过程理论的萌芽。例如，孔子主张学习应该"学""思""习""行"四者相结合；荀子把学习过程看成是"闻""见""知""行"统一的过程；在此之后，孔子的孙子、曾子的学生子思（孔极）在《中庸》中明确提出："博学之，审问之，慎思之，明辨之，笃行之"，对学习过程进行了完整的概括，更是具有开创性的意义。

我国古代学者还有许多关于阅读、写作教学过程的论述，如元代程端礼在《读书分年日程》中说："每句先逐字训之，然后通解一句之意，又通结一章之意，相接续作去，明理演文，一举两得。"这实际上指明了阅读教学的步骤。宋代朱熹也认为："抑读书之法，要当循序而有常。"[①]主张阅读文章首先要通解字词，了解文字含义，然后综合分析全文内容，

---

① 朱熹. 朱子全书：第 1 册 [M]. 上海：上海古籍出版社；合肥：安徽教育出版社，2002.

进行比较研究，再回读全文，反复领悟，获得新的见解。

洋务运动时期，赫尔巴特的四阶段教学法传入我国，至清末废科举、兴学堂时广泛运用于我国中小学课堂教学，直接影响了我国传统语文教学结构，这从五四运动后到新中国成立，前后三十年间各主要版本的语文教学法或包含语文教学法的著作中都能得到证实。例如，蒋伯潜的《中国国文教学法》[①] 把国文教学分为四个步骤：预备与检查、试讲与范讲、试读与范读，最后是相互讨论；钟鲁斋的《中学各科教学法》[②] 提出了"五段式"教学：预备、授课、比较、总述和应用；比较有影响的是黎锦熙的"三阶段教程"：理解（预习、整理），练习（比较、应用），发展（创造、活用）；王森然的"精读六步教程"：预习、指示、讨论、结束、应用、欣赏；叶圣陶、朱自清的精读和略读教程：精读教程包括预习、课内讨论、练习三个教段，略读教程包括读书前指导、组织学生阅读、课内讨论、考核成绩四个教段。

20 世纪 70 年代以后，在借鉴国外先进教学理论和总结我国传统语文教学经验的基础上，我们对于语文教学过程探索的深度和广度得以不断拓展，一些新的教学过程理论逐步形成，并在教学实践中发挥了重要作用，散发出令人瞩目的光芒。最有代表性的是上海育才中学的"八字教学法"、

①　蒋伯潜 . 中学国文教学法 [M]. 北京：中华书局 , 2014.

②　钟鲁斋 . 中学各科教学法 [M]. 北京：商务印书馆 , 1946.

钱梦龙的"三主四式导读模式"、宁鸿彬的"五步教学法"、魏书生的"六步教学法"、潘凤湘的"八步教读法"、洪镇涛的"五环节教学法"、贾荣固的"整体阅读教学模式"等。

"八字教学法"最早是上海育才中学段力佩先生提出的。"八字"即"读读、议议、练练、讲讲"。"读读",就是在课堂教学过程中,教师引导学生自己读书,学生按照教师提出的要求,阅读教材,掌握知识要点,把被动接受转变为主动获取,它是课堂教学的基础。"议议",就是让学生围绕一定的问题(问题可以是教师预先根据内容设置的,也可以是课内学生提出的疑难问题),分组讨论,切磋琢磨,各抒己见,多向交流,达到理解、巩固知识的目的。这样做,可以调动全体学生的思维活动,使更多学生有发言的机会。由于学生在议论过程中,可以相互启发,集思广益,这样既提高了成绩好的学生的思维能力,也带动了学习能力较差的学生,且有助于培养学生的探索、发现精神,这是课堂教学的关键。"练练",就是使学生将学到的知识具体地运用到实践中去,它是学生巩固知识的一条重要途径,同时,在练习中发现的问题可以再读再议。"讲讲",即讲解、解惑,可由教师讲,也可由学生讲。经过了前面三个阶段学生常常似懂非懂,这时候就需要老师进行及时有效的点拨和指导,对学生的学习进行总结,使学生更好地理解所学知识。"八字教学法"主张教师不要牵着学生的鼻子走,而是积极引导又大胆放手,让学生做学习的主人,注重个体自由发展,培养创造性思维，从而使学生得到真正的提高。值得注意的是，八字教学法并非一种机械程式，并非要把每节课都划分为四个阶段，而是要贯彻在整个单元教学中，要因班级和学科的不同有所区别。上海育才中学"读读、议议、练练、讲讲"八字法，是从讲授法迈出的大胆一步，具有开创意义。

1.钱梦龙"三主四式导读"教学过程模式

钱梦龙是我国当代著名语文教育家，20世纪80年代语文教学改革的领军人物。"三主"，是指"以学生为主体、教师为主导、训练为主线"；"四式"是指"自读式、教读式、练习式、复读式"四种基本过程模式。以学生为主体，就是确认学生在学习过程中的主体地位，把学习的主动权交给学生；教师为主导，就是在确认学生学习的主体地位的同时，规定教师在教学过程中的作用和活动方式主要是"导"。导，指引导、指导、辅导、因势利导，也就是根据学生的认识规律、思维流程、学习心理，正确地引导学生由未知达到已知的彼岸；训练为主线，是由于语文的基本性质是工具性和人文性的统一，其"工具性"决定了语文的学习必须把听、说、读、写训练贯穿学习始终。①

"三主"思想具体体现在"自读、教读、作业、复读"的四种基本课式之中。

①自读课。自读课是以培养学生的独立阅读能力为目的的一种课式，

---

① 钱梦龙.语文导读法探索[M].昆明：云南人民出版社，1985.

着眼于有计划地培养学生自读能力。它分六步走，即"六步自读法"：认读、辩体、审题、发问、质疑、评析。②教读课。教读课是教师选择合适的教学方法，指导学生进行阅读训练。教师的"教"指必要的组织、讲授、指导、启发，帮助学生建立新旧知识的联系，使学生进一步理解、消化所学知识。③作业课。学生在学习后完成一定的口头和书面作业，强化对知识的理解，记忆和促进学习的迁移。④复读课。是指一种复习性的阅读训练形式。它包括"单篇复读"与"单元复读"两种形式。"单篇复读"是学生在学习新课文后的复习性阅读，"单元复读"是把一单元的课文集中起来进行复读性阅读的训练形式，目的是通过课文间的联系、比较，获得比单篇阅读时更系统、更具规律性的知识。实践证明，钱老师的"三主四式"导读法能有效地提高学生的语文水平和语文能力，特别是能在较大程度上加深对课文的理解，提高对课文内容记忆的准确性。"三主"既科学地处理了教学中的师生关系，摆正了教师、学生各自在阅读教学中的位置，又正确地指明"训练"是贯穿阅读教学全过程的最基本的教学策略；而"四式"也较好地从操作步骤上解决了导读的方法问题。整个体系完整、具体，有较强的可操作性。

2. 宁鸿彬"五步程序教学"过程模式

五步程序教学过程是指"通读、质疑、理解、概括、实践"五个环节。宁鸿彬是我国当代著名语文教育家，北京市第十八中学语文特级教师。宁鸿彬老师重视在教学过程中训练学生的自学能力，并在这样的教学思想指导下提出了"通读、质疑、理解、概括、实践"①五步程序教学过程模式。

"通读"，即要求学生自己阅读全文；"质疑"，即要求学生在阅读时不能仅仅停留在表面，要对课文深入钻研并且提出疑问；"理解"是在对课文深入钻研基础上获得对疑难问题的解决；"概括"，是对所学习内容的归纳、总结；"实践"是对所学知识的具体运用，将所学知识去解决听、说、读、写中的具体问题。五步之中，蕴含着四个相关的环节：一是认真读书，提出问题。二是分析研究、解决问题。三是归纳总结，掌握知识。四是加强练习，运用知识。从这五步教学程序中可以看出，宁鸿彬重视培养学生的自学能力，让学生通过这五个环节培养善于思考、敢于质疑、精于分析的阅读品质，能通过自己的努力获取规律性知识，并且能够触类旁通、灵活运用。

3.魏书生"六步教学"过程模式

"六步教学"过程是指"定向、自学、讨论、答疑、自测、自结"六个环节，由魏书生创设。"六步教学"过程的基本内容包括以下几点：①定向。教师确定新课学习和训练的重点难点，使学生明确学习方向，心中有所准备。例如，讲《桃花源记》课，生字有哪几个；词，虚词"焉"的用法，"妻子""阡陌交通"古今词意的不同等；句，这一课的省略句

---

① 宁鸿彬.怎样阅读分析文章[M].北京：开明出版社，1993.03.

式比较突出，列为重点；译，哪一段是重点。还要理解作者在这篇文章里所表达的政治理想以及这种思想的局限性。②自学。学生根据制定的自学目标，根据学习的重点和难点自学教材，独立思考，自己做答案。不懂的地方，留待下一步解决。此时，教师要予以个别指导，启发学生主动质疑，并且收集学生之间普遍存在的疑难问题。③讨论。学生分组，把自学中不懂的地方提出来，共同讨论，寻求答案，教师可适时地加以提示或指点。④答疑。先是学生自己解答疑难问题，如每个小组都承担一部分，最后不能解决的疑难问题由老师解答。这是"六步教学法"的关键一环，教师要注重引导学生积极思考，融会贯通所学的知识，引导解答。⑤自测。根据定向指出的重点、难点以及前阶段学习后学生的理解，由学生自己出题或相互出题检查自己的学习效果。题量一般控制在 10 分钟之内，当场评分，课堂上就能知道学习效果。⑥自结。下课前，每个学生都自己口头总结一下这节课的学习过程和主要收获，教师在成绩优秀、中等或较差的学生中，选择有代表性的学生，讲述自己的学习体会，使学生之间相互学习、借鉴，取长补短，有所收获。①

　　"六步教学"就是教师通过这六个基本环节，来完成整篇课文学习的一个完整的教学过程。这六步程序，可以依据课文的特点和学生理解的难易程度形成若干变式，如浅近的文章，以学生自学解决为主，其他两步可

---

① 　魏书生 . 我这样做老师 [M]. 武汉：长江文艺出版社，2016.

以省略；若自测效果好，自结则可略。魏书生非常重视培养学生的自学能力。他常常引导学生认识培养自学能力的重要性，鼓励学生树立培养自学能力的信心。他非常赞同叶圣陶先生所说的"教是为了达到不教"，并且在二十多年的教书生涯中始终遵循这条教育原理，终于获得了丰硕的成果。

尽管上述几种语文教学过程的结构并不十分完善，而且适用的范围也不完全相同，如有的适用于单元教学，有的则适用于一篇课文的教学，但这些结构的探索仍有普遍意义，与传统教学过程结构相比，新结构具有以下几个显著特点。

第一，师生关系完全不同于传统式的以"教师为中心"，而是既重视教师的主导作用，更强调学生学习的主体作用，把尊重学生的独立性放到了极为重要的位置，从学生的"学"入手，强调授以自学方法，学生自己活动，培养自学习惯，发挥学生的主动性，从而使教师的教和学生的学之间的配合达到较好的统一。

第二，教学内容和手段系统化。首先是教学内容的系统化。表现在教师的教和学生的学有了明确的总体目标，总目标下又有若干阶段目标，在实现每个阶段的目标时，制定出适合师生特点的相对稳定的活动程序，使学生在该程序的指导下进行学习，最后通过逐步调整、适应，形成一个较为完善的适合自身发展的学习体系。教学内容系统化后，教学手段也相应地系统化，教师是有目的、有计划、有步骤地系统地培养学生的语文能力。

第三，注重评价、信息反馈在教学过程中的作用。从控制论的观点来看，学习是学习者吸收信息并输出信息，通过反馈和评价知道学习结果正确与否的过程。这里的评价，实际上是通过作业、练习、考试等方式对教学效果进行考核的过程。它是教学过程中不可忽略的重要环节。从教师的角度看，教师可以通过评价和反馈来确定自己教学效果的好坏，从而确立新的方案，以利于下一步教学；从学生的角度看，是从教师的评价（或其他形式）中得到反馈，从而判断自己的学习效果，调整学习方法，以利于下一步的学习。新的教学过程模式都很重视评价和信息反馈的作用。虽然未直接安排测试环节，但教学过程中的"总结""运用""练习"等，实际上也可起到考核、评价的作用。

第三节　高校语文教学的一般过程

一、学段教学过程

我国目前的教育体系决定了语文教学过程的主要学段是指从小学入学开始到中学毕业为止。整个学段都是教师发挥主导作用，不断培养和提高学生语文学习能力，最后学生能够完全独立地学习语文并且运用语文知识解决工作和生活中的问题。但是，根据终身教育和大语文教育的观念，一个人在一生中接受语文教育的过程应该是长期的、多样的、持续不断的。除了学校的语文教育外，还有家庭和社会的语文教育，我们还要注意它们之间的联系与配合。

二、学年和学期教学过程

是指在一个学年或学期中，语文教师要根据该年级或该学期的具体教学要求，把握学生语文学习主要特征和主要矛盾，确保该阶段教学目标能够实现，同时要注意各学年、各学期的阶段性和前后连贯性。

三、单元语文教学过程

是指在一个单元内的教师指导学生学习范文以及进行听说读写训练的教学过程。目前中小学语文教材中的学习单元，往往是由若干篇在某方面相近或相关的文章组成，因而在教学上可使教学活动相对集中，同类型的听说读写训练紧密配合，并辅之以参读、习作以及课外语文活动等，使其相辅相成，共同促进于学生利用知识迁移的规律快速掌握知识、培养能力。单元教学的这些优点使其已经成为语文教学过程中的基本结构单位。常见的单元语文教学类型有以下两种：①主次型。教师一般先精读、精讲该单元的重点课文，使学生明确本单元学习目标和学习重点，并进行相应的读写训练，再用通读、略讲或课内外自学等方式学习其余课文，结合重点课文将所学知识和能力加以巩固、深化。②比较型。教师引导学生就几篇课文的某些问题进行比较、分析，通过掌握它们的区别和共同点来达到学习知识培养能力的目的。

四、课文语文教学过程

是指对于某一篇课文学习的教学过程。这个教学过程的划分是多种多样的，从三段到八段都有。但无论哪种划分，都可以大致归纳为以下三个阶段。

（1）导读阶段。教师导入新课，激发学生学习兴趣，提出具体要求使学生明确学习目标。

（2）研讨阶段。教师指导学生采用某种方式研析课文，学习、掌握相关知识，训练某方面读写能力。如理解作者的思想情感，学习文章的写作特点等。

（3）应用阶段。教师布置练习，指导学生完成练习，巩固所学知识。这三个阶段只是一个基本过程，每一阶段的具体安排要视教学内容和学生的具体情况而定。

第四节 高校语文教学方法的价值

语文教学方法的运用是受教学目的制约的，而语文教学的根本目的是使学生获得良好的语文素养，是使教师经语文教学获得职业的成功体验，并且与学生一起分享共同时光的快乐，使师生一起共度生命中的美好时刻。

一、有利于激发语文情感

教育最本质的特征是它的情感性。苏霍姆林斯基说："学校里的学习不是毫无热情地把知识从一个头脑装进另一个头脑，而是师生之间每时每刻都在进行心灵的接触。"[①] 人非草木，孰能无情。无论老师和学生，都是有血有肉、有情有感的活生生的个体，情感存在于社会生活的所有方面，亦毫不例外地存在于学校，存在于学校的语文教学当中。因此，作为教学主体的语文老师，必须要情感丰富。语文老师的教学方法必须首先考虑学生对语文有感情，选用那种对语文有强大亲和力的教学方法。

首先，语文教学方法要有情趣性。情趣性浓的语文教学方法能调动学生亲和你的教学过程，产生高峰体验和高水平认知，譬如，"泛故事化文本解读策略"就是一种极具情趣性的教学方法。这种方法，把所有样式的

[①] 蔡汀，王义高，祖晶.苏霍姆林斯基选集（五）[M].北京：教育科学出版社，2001：12.

文本视若故事，将某一文本视若一个大故事中的若干小故事的共同体，由于"故事"的情趣性，就使得学生能够以轻松的心情进入文本，把学习过程置换成一种演绎故事的过程，在这个过程中体现的是参与的极大热情，充分的自主自动，使每个个体都能分享到快乐。"泛故事化文本解读策略"适用于从小学到中学各阶段的语文教学，也可用作课外学习的学习工具，因此它具有普遍性。

其次，语文教学方法应具有体验性。学习的对象经由体验建构成个体精神世界的文化基因。狄尔泰说"体验是构成个人生命的基石"，"是一种生命活动状态，是个体在当下的一种悟解、领会、关照与神思状态，是一种高度澄明的境界。"① 2001 版《语文课程标准》主张阅读教学要"注重情感体验，写作要感情真挚，力求表达对自然、社会、人生的独特感受和真切体验"。体验作为语文教育的最具价值的理念，应该进入到语文课程的实施中，成为语文教学方法运用的必须建构的纬度。"文本"生成于体验，"作品"更是生成于体验。体验的亲历性培养实践主体，体验的形象性培养审美主体，体验的个性化培养性情主体。在某种意义上来说，个体的情感运动直接源于体验。由于体验，那种冷漠的知性分析，那种匍匐于文本之下的奴性心态，那种目空一切的话语霸权，因变得丑陋而遭拒绝。

---

① 孙俊云.西方媒体对我国主权的挑战及对策分析[J].山东教育学院学报，2009(2)：79-81.

"朗读设计教学"就是一种不错的具有高度体验性的教学策略。朗读设计的朗读以"有感觉"定其位，其感觉源自体验，源自充分的感同身受的体验，没有体验，没有充分的感同身受的体验，"感觉"就不可能到位。人在"通向语言的路上"就是要"亲身体验"，人只有在"体验"中，在直观中才能掌握语言。"朗读设计"的设计，以设计作为达成"有感觉的朗读"的基本途径，设计的过程就是充分体验、感悟、理解的过程。在这个过程中，必须呈现出对朗读对象的高度关注、高亲和性，是情感与智慧的同时到位。可以这样说，"有感觉的朗读"事关语文教育的出路，应得到高度重视。

二、有利于自觉学习

承认并尊重学生的学习主体地位，培养学生学习的主体精神已经得到共识。学生的主体精神则表现为自主性、主动性、自觉性。而自觉性则是自主性和主动性的根据。如果缺乏自觉性自己就做不了自己的主，仍受制于他主，也就无从主动只能是被动。什么是自觉性？自觉首先是一种内在的情感倾向，即从心底里表达一种情感的认同，就是个体对自我主体性的自律。在语文学习中，自觉性就是学生对自己学习语文的自律。语文老师在语文教学方法的选用上，要有利于培养学生的语文学习的自觉性，有利于提升学生语文学习的自律水平。如果在方法选用上，教法和学法分裂，就会使学生处于被动的地位，成为被老师操纵的对象。如果语文学习并非学生个体的自觉行为，语文教学同样也是相当痛苦的，教师们将在无休止的催逼和焦虑中挣扎。

一般说来，具有共用性的方法，是形成学生对语文学习自觉性的好方法。共用性的方法，即此方法既是教学方法，也是学习方法。例如，"提纲网络"教学法，就是一种师生共用的方法。教师可以用"提纲网络"的方法来解读文本，组织教学过程，学生习得"提纲网络"之后，随即成为自己的方法，也可以用以解读文本，用构思写作，甚至可以用它来构思自己的演讲。

三、有利于愉快学习

在教学方法的选用上，我们主张愉快的教学，主张学生的学习生活是愉快的，使学生时代成为人生中最值得回味、值得庆幸的时代。可惜的是，当下的学生生活，普遍存在苦、累、烦、乏现象，书包沉重、作业沉重、"上峰"的期待沉重，从早到晚蜷缩在课桌前，埋头苦干，学生中的心理问题呈逐年升高的趋势。造成这些现象的原因是多方面的，但在教学方法的选用上，非愉快化是重要原因。《吕氏春秋》说："耳之情欲声，心弗乐，五言在前弗听。目之情欲色，心弗乐，五色在前弗视。鼻之情欲芬香，心弗乐，芬香在前弗嗅。口之情欲滋味，心弗乐，五味在前弗食。欲之者，耳目鼻口也；乐之弗乐者，心也。心必和平然后乐，心必乐然后耳目鼻口有以欲之。"① 当人们在心情不爽的时候，是会出现"视而不见""听而不闻""食不甘味"的情形的。可见，让学生拥有一份健康愉悦的心态，对他们的学习何其重要。赞科夫也说："扎实地掌握知识，与其说是靠多次重复，不如说是靠理解，靠内部诱因，靠学生的情绪状态而达成的。"② 因此，在教学方法的选用上，愉快意识必须强化。在教学的具体实践中，我们也看到，当人们心情不好的时候，读了多遍的材料，仍然记不住，勉强记住了，很快也就忘了，那时的思维也比较迟钝、涣散、判断力低下，极易出错。反之，正如班斯基所说："情感状态总是和内心的感激、有反响、同情、喜悦、惊奇和许多别的情绪联系的。正因为如此，注意、记忆、理解某事物的意义在这种状态下由于个人深刻的内心感受而丰富起来。而这些内心感受使上述认知过程加紧进行，并因此能更有效和高质量地达到目的。"③ 一般说来，具有娱乐性的语文教学方法，具有"闲聊性"的语文教学方法，有利于学习的愉快。

语文教学方法的娱乐性，不同于在教学过程中渗入娱乐活动，而是方法本身就具有娱乐性。娱乐以人的心情愉快为存在理由。存在于教学方法中的娱乐性是为愉快地教学、教学的愉快而存在。"泛故事化文本解读""朗

① 张双棣 . 吕氏春秋译注 [M]. 北京：北京大学出版社 ,2000.

② 列·符·赞科夫 . 和教师的谈话 [M]. 管海霞，译 . 武汉：长江文艺出版社 ,2019.

③ 尤克·巴班斯基 . 论教学过程最优化 [M]. 吴文佩，译，教育科学出版社 ,2001.

读设计"等都是具有一定娱乐性的，因而引起学习的愉快。尤其是"演述教学"更具十足的娱乐性，更是教学愉快的方法。"演述教学"中的"评书"式演述、"故事"性演述、"相声"性演述、"课本剧"式演述，无一不具有"文艺节目"性的娱乐功能。"演述教学"，学生主动又快活，何乐而不为呢？在学习上，我们习惯于一份辛劳一份收获，习惯于"书山有路勤为径"，习惯于"恒兀兀以穷年"。不过在方法问题上，辛苦劳作一番并不一定有好收成，往往是那种弄得大家都劳作得很辛苦的方法，却是会"收获"负面的。洛扎诺夫的"暗示教学"，就是"不劳而获"的明证。"闲聊性"，就是要在那种不经意间，似乎并不辛劳的过程中，有比之辛劳而有更多的，甚至是意外的收获。上海育才学校搞的"茶馆式"教学，就是具有闲聊性的教学路子。"会话"教学的语文教学方法，也是"闲聊性"的教学方法，老师和学生就共同的或随机的话题展开会话，双方无拘无束，不需要说服谁，也不需要引导谁，只要会话能轻松地进行下去就行，会话中来些见闻、掌故，来点幽默，自然而然中话题渐广渐深，学生情绪渐高，思维渐敏，于是整体性地渐入佳境。在这种平易而自然的过程中，如沐春风，受到语文的陶冶，在认知和情感方面都是大有收获的。这其实也是将语文做大的效应，是大语文观在课堂教学中的产品。不能以为有严格程序设计的才是语文方法、语文过程，往往那种"非设计"性的东西，更有语文味。

四、有利于终身学习

语文教学方法的经营，不应当只是利在当前，更应该利在将来，利在你经营的一系列方法可以伴随学生的学习生活以终身。大家都懂，现在是一个已进入到了终身学习的学习型社会。学校教育必须具备服务于学生终身学习的功能，这种功能由许多因素构成，而其中的学习方法因素具有非常重要的地位。因此，我们在方法上既要着手当下的经营，也要着眼未来的利用。

第五节　高校语文教学的特殊方法

语文教学的方法很多，如讲授法、谈话法、讨论法、练习法、实验法、演示法、参观法等都是语文教学的常用方法。这些方法同时也是其他各学科教学的常用方法。本节专门讨论适合语文教学的特殊方法。

一、朗读法

《语文课程标准》强调中小学各年级都要重视朗读，相当多的地区及学校正主张以读代讲，这对语文教学的发展无疑意义重大。

朗读是发展学生语感能力最重要最直接的途径，而语感能力被称之为能力中的能力，语文教学应以语感为中心。朗读还是通向口才的桥梁，是形成和提高书面表达能力的最有效途径。朗读还是对文本最有滋味的体悟、完整把握的有效途径。朗读还可以培养人的艺术趣味，使生活审美化，发展健全人格。朗读设计教学因其生动有趣，贴近青少年的精神世界，极受学生欢迎。这种教学能使学生身心愉悦，对他们注意力的成长、优良习惯的养成、阅读兴趣的恒久都有不可估量的影响。

那么，朗读对读者有何要求呢？朗读不是简单的文本的声音化，而应该是文本信息的口语再现及再创造。说直白一点，就是以你的口头语言去"造型"，造文本信息给定的那个"型"，使听者能"见型"，即如见其人，如闻其声，如历其事临其境，如味其情，如谱其理，就是自己读有感觉，让人也有感觉。一句话，就是要读得"像"。那么，怎样才能读得"像"呢？我们认为应该是"有感觉"的朗读。有感觉既和对象持一种整合的一致性，通俗点说就是"像"。读什么像什么就叫有感觉。有感觉的朗读不仅重新界定了我们对朗读的要求，同时开启了我们建构朗读教学策略的思路。

朗读设计教学应运而生。朗读作为阅读教学的重要活动方式，可以在课堂上获得主导地位，朗读活动可能是大多数时间或全部时间。

朗读设计是对朗读成什么样子的终端性设计，是对文本信息的整合而有创造的口头言语表达，是一种很有感觉的状态。其设计出来的"产品"体现了你对文本的理解、体会及独特的感悟。因此，设计的基础是深刻的理解，深入的体会及独具个性的表达。设计的过程也就成了理解、表达、创造的过程。在这个过程中形象思维和抽象思维高度互动。形象越鲜明，越具体，越生动抽象就越深刻、全面有感觉的朗读就越到位。

朗读设计的操作策略：一是学生评点，体会老师有感觉很到位的朗读。二是学生选择、评点、体会老师的几种读法。三是学生自我设计，老师评点，学生或老师、学生共同评点。四是学生们的若干种读法，老师、学生共同来选择、评点、调整、组合。在这些活动中，师生双边主体性得以体现，师生在高效互动中进入全方位合作学习的境界。

朗读的设计活动不是我们的最终目的，我们的目的是由此走一条通向上乘语感的途径。设计活动在形象思维提升中，语感的建构逐步发展。因此，设计过程也逐步缩短，以至于有感觉的朗读一步到位，不再经过设计。其读出来的"产品"本身就是蕴含着我们深刻理解、深入体会、个性鲜明的再创造的。在这个意义上来说，恰好说明"感觉"大于"理解"并涵盖理解。

朗读设计教学的关键在教师。对语文教师来说，朗读应成为他们的第一素质。语文教师的专业能力，首先看其是否有很到位、很有感觉的朗读。教师获得朗读素养，除提高文学修养，潜心揣摩外，还可以从戏曲、音乐的欣赏等途径获得。

二、演述法

演述的演指表演、演出、演绎、演说；述指叙述。演述的方式因此成为一个大家族，至少包含故事化的演述、评书化的演述、相声化的演述、小品化的演述、戏剧化的演述、电影化的演述等。

演述教学法大致经历探索文本、再创造、形式设计、演述演练、演述进行、评价、更新演述七个环节。

文本的探究是最基础的工作。所探究的对象是包含在文本中的所有内容，包括文本的细节，构成方式以及语言特征，表现手法等。其中不仅有全面的理解，还有探究者的体会和感悟。为演述成功的需要，这个环节必然要做好。

再创造环节是在对文本探究之后，为满足演述要求必须进行的加工改造工作。不仅文本样式要改变，而且文本内容也要改变。再创造的工作对所有演述形式都是必需的。在再创造中，学生的主体创造精神得到肯定和发展，尤其是创造性思维能力得到良好的发展。在再创造过程中，学生踊跃的想象、联想，以至幻想，踊跃地发散自己的思维，并且将自己的生活，自己的经验，自己的阅历融会到再创造过程中，他们会觉得学习是一桩十分有意思的事情。

形式设计环节指选择恰当的演述形式。这里设计表示为选择，也就是说哪一种形式更合适一些。合适指学生对某种形式的熟悉程度以及喜爱程度，另外还有一个新奇程度。在分组合作演述中，小组间形式新奇是天生好胜的小朋友乐于接受的一个因素。当然，演述形式不同的训练价值也有差异。故事、评书强调叙述能力、刻画能力、语言组织能力等。小品强调合作能力、空间虚拟能力、活动能力、组织能力。相声需要合作能力、对话能力、幽默能力、悬念能力。戏剧需要表演能力、时空构思能力、对话能力。电影需要组接能力（蒙太奇）、镜头运用能力、画面构思能力、美术音乐音响能力、摄影能力等。一般情况来说，在学生中宜采用比较经济的形式，如故事、评书、小品之类。另外学生还应具备相应的表演形式方面的知识，可以先采取观摩及模仿的方式让他们有所习得。

演述演练是正式演述的准备阶段，准备到位是其基本要求，满足这个要求的是精益求精的理念。为了做到"精"，就需要反复，尤需要自我批判，没有自我批判就无所谓反复。自我批判意识和能力的建立、发展是求精的必经之路。自我批判是人格完善的必备条件，可见准备阶段对"完整的人"的形成的重要性。反复意味着认真、耐心、坚持，由此可以训练出良好的人生态度，克服浮躁心理。

演述进行环节是展示成果的环节。这是一个张扬自我，期待成功的时候，演述者重要的是信心，要主张积极的暗示，勇于面对，不温不火应是最佳状态。对于观众要主张理解、信任、配合及取长补短、取长补长。

评价环节也是不可少的。评价应该报一种研究的、改进的、与人为善的态度，把自我评价与共同评价结合起来。评价不仅求是，而且求美求善。评价中，应提倡反思性，提倡心灵的开放性和心理的承受水平。

更新演述环节则是前述各环节的整体整合及升华。当然，它不会是一个终止性的环节，它应向更高水平发展开放。如果有比较恰当的机会和充裕的时间，可以再进行演述。

上述所列七个环节，孰前孰后，交叉融合，没有定制，在展开的顺序上可以变通，要因时因人因文而制宜，达到发展学生的语文素养就行。

老师在整个演述教学活动中充当组织者、协调人、服务员、对话者角色，学生则可以选择独立演述人和合作演述人的身份。演述是需要观众的，观众是作品重要的合作力量。除调动同学演述的积极性以外，还要调动其作为观众的积极性。合作形式有对应合作、小组合作、大组合作、班级合作。对应合作指一对一的对手戏，或一对一的表演与观众。小组合作可以是循环性的一对多的合作，也可以是组内各司其职的合作。大组合作可以是组际之间的互换性的观众与演述的合作，也可以是表演者与评论家的合作。班级合作则指的是全班性的汇报及研讨。

演述教学对于语文学习来说是一个输入与输出的过程，对于发展学生语感能力作用极大。学生的揣摩和领悟，学生的再创造和让人觉得"很有感觉"的表演，学生生动的想象和联想等无不是语感训练。

当然，演述教学也将面临着时间、课堂管理等难题，如果要开展这方面的教学，可以采取先小步后大步，先局部后整体，先少数后多数再全部的策略。

三、泛故事法

泛故事法有两层意思，一层是指一切文本无论是记叙文、说明文、议论文，也无论是诗歌、散文、小说、剧本、寓言、成语故事，全都可以以故事看待；另一层的意思是，在同一文本中将大故事分解成若干小故事。

1. 价值的探究

①关于军需处处长。如果我们锁定了军需处处长，搜索了关于他的种种因素和联系，我们就可以判断，军需处处长的价值是一种信念，他是信念的丰碑，这个价值判断就超越了仅停留在他的人格意义层面。另外，我们也有这样的疑问，军需处处长衣着如此单薄破旧，就没有引起注意，他的战士们就没有看到吗？有没有解决的办法，将军把他的马让给了重伤员，就非得要写军需处处长将衣服让给其他的战士？②警卫员没有及时告诉将军，牺牲的人是军需处处长，除了我们前述的原因外，是不是也有将军脾气大的因素？价值的探究以自我逻辑的方式进行，是自我的一种实现方式。

2. 特色探究

①环境的叙述与描写。云中山的严酷，这支红军队伍可能遭遇的困难，为信念之丰碑营造了氛围，可谓艰难困苦。②将军和军需处处长的关系是本文最具特色的描写，本文以一种极强的能力，使将军和军需处处长两个人的人格特征既鲜活又饱满。③"丰碑"的象征意义及象征性描写。④无

161

言之美，将军向军需处处长致敬而无言，将军什么话也没说，大步走进漫天的风雪，都产生了"此时无声胜有声"的效果。

（二）泛故事的语感习得分析

1."泛故事"的语感意义

泛故事伴随的形象思维，是想象联想，是鲜活饱满流转运动的场景，人物、事件。它天然地逗引人们的兴趣，激活人们旺盛的阅读期待，这也是语感的可感性特点的体现。它直接链接成一种感知行为。这样的阅读方式姿态比起那种直接采取思辨的阅读方式姿态，让人感到更轻松，更具效率。例如，古诗教学，一般做法总是要采用疏通词语，理解词句，揣摩意境，最后将古诗译成白话搞成一种翻译活动。这样，古诗教学变得了无生趣，学生感到无聊。时下也有人提倡古诗教学不求理喻，懂得字词，诵读一下，积累积累便罢。如此看法，古诗不教也罢，可惜了古诗的人文功能和性灵功能。持这种观点的人不必知难而退，应多在策略上多想想办法。白居易的《池上》"小娃撑小艇，偷采白莲回，不解藏身处，浮萍一道开"。我们将它链接成关于"白居易的故事"和关于"小娃的故事"，一下子我们便回到唐朝一同经历小池事件。我们看到白居易所见荷池上一小娃撑来一小船，直奔白荷花而去。将荷花采下之后撑船而归，白居易心想，荷池又不是你家的，小娃采荷，偷无误，既然偷采，为何不注意搞得隐秘点，被人发现总是不好的事情，你真让人担心哪，你看看船破浮萍，一道分明，真是太无心计了哟。白居易为何不制止？不声明？还为小娃担心，那是小娃此举太天真太有趣了。因为此时白居易渐入老境，又多伤病，多少有些颓废，见此一幕，童年时光油然而生，生命力被此一激，找回童心，多么快活呀。而小娃的故事呢？我猜这小娃是一女娃，见白莲可爱可喜可玩便直奔而去，所以那偷和"藏身"的意识全无，好看便采就是纯属天然，纯粹率真，并无白居易那些心思，真心的童趣黑了。两个人的故事分明告诉你童心之嘉，童趣之可爱。这两个人的故事，只要老师和小朋友们好好合作，穿针引线，诱导启发，小朋友们一定会津津乐道。在这种津津乐道中便构造精神上的永恒风景，构筑起诱惑力的新的平台。

2. 搜索的语感意义

搜索的操作，很明显的把我们带入一种精细隐微的境界，这和传统的那种因片面重点性的教学操作而忽视多层次全方位的体验认知形成鲜明对照，也和"十万个为什么"式的教学轻视学生的发问权使主体性没形成鲜明的对照。搜索的过程，学生主体的主动姿态自觉进入到文本深微境界，这样就为语感力深入到文本构成的潜隐深处提供了训练的机会，这种探入潜隐的练习，必然会豁然腾挪为一种知觉能力，这是人们心理机力的客观趋势。实践中，人们大量的苦心孤诣，殚精竭虑总能收获到豁然贯穿的奇效，一种直奔中心、直插幽隐的能力便形成了，这便是不需要复杂的思辨程序而直接搜住要害的直觉能力。泛故事化文本解读的搜索训练，便有这种功效。

四、追问教学方法

追问教学方法最突出的功能是求取对文本深度理解与感悟。可以说，你想你的理解有深度，感悟深刻，都要追问。在日常生活中，自发性的追问比比皆是。例如，某同学放学后未能及时回家，势必因家长的担心而遭遇追问。你到哪里去啦？和哪些人一起去的？去干什么了？怎么干的？等等。你就可能招架不住这种连珠炮似的发问，在玩尽躲闪伎俩之后，不得不竹筒倒豆子一五一十地坦白交代，一切皆水落石出。追问在教学中出现的频率是居高不下的，当然，多为自发性质。这种自发表现为：一是没有将追问做一种能力进行有效的训练；二是没能建构起追问的操作机制；三是多为老师单向性的活动，缺乏师生互动。我们特别需要追问这种学习的智慧，让它在语文教学中成为一种自觉。

（一）追问操作的思维结构

追问的结果是三位一体的思维模式，即是什么？为什么？怎么样？

"是什么"解决的是锁定追问的对象。这对象可能是文本的题目，这就发生了审题读书。可能是一个词语，一个标点，一个句子，一个句群，几段话，一个场景，一个情节，一个人物，一个判断，一个细节，等等。

"怎么样"解决的是形态、形状、形象等。"象"的问题，所使用的是形象思维，是想象、联想。在追问这一环节中直接决定了追问的质量。我们说追问存在的自发现象就和"怎么样"不到位相关。"怎么样"到位，指的是"象"的鲜活饱满。鲜活饱满之"象"就提供了抽象意义，判断其因果，链接其关联的可靠的凭据。也就是说"象"的鲜活性、饱满性本身具有强大的穿透性。

"为什么"解决的是因果性、意义性、价值性、关联性的问题。它使用的是抽象思维，是判断、推理、归纳、演绎。它直接运用在鲜活饱满当中，鲜活饱满之"象"为"为什么"提供程度充分的可能性。同时，"为什么"也有启动"象"的展开运动的作用。

追问的三个问题，只是一种模型。它在操作中可以置换为相关的问题方式，并且三者之间更是不断互动的，不是刻板的程序。

（二）追问方法的语感意义

追问以形象思维和抽象逻辑思维的深刻互动，一方面鲜活，饱满其形象，另一方面不断向意义、因果的纵深开掘。因此，它造就了极具穿透力的感觉世界、经验世界，使内心徜徉着体验的景致，将语言文字转化为自身生命的要素，也因此造就和敏化了洞悉事物本真的能力，也就是我们称之为直觉的语感能力。

五、音画整合法

音画整合法的音是指音响、音乐、声音。画指图画、画面。前者是听觉对象，后者是视觉对象。音画整合是指将音画元素整合进语感生成、发展当中来，使语感形成、发展过程与音画因素联系起来，让音画因素助成语感。

（一）语感与乐感、画面感

从感觉角度来讲，语感与诸多类型的感觉有相当大程度的相通之处。比如，语感与乐感、语感与画面感、语感与运动感等感觉。一曲《青藏高原》，李娜给我们苍茫雄浑的感受，很好地把旋律、歌词的境界表现出来了，可谓珠联璧合，无论以歌词体验旋律，还是以旋律体验歌词，李娜的演唱都会让人倾倒。李少春先生的杰作《野猪林》一剧中《大雪飘》唱段，荡气回肠，唱尽英雄末路的无限悲愤，其引腔专板，一招一式，无不经典地诠释出了戏文的神韵。可以这样说，少春先生以自己卓越的表演，"说"出了他对戏文的感受，是语感的戏剧性表达。欣赏美术作品的有"读画"一说，所谓"读画"，乃是以深刻的体验，走进画作的风神意味中去，让心灵与画作的精神交融，与画作者共鸣与对话。苏东坡说王维"诗中有画，画中有诗"，便是典型的例子。苏东坡用"画"来感受王维的诗，用诗来感受王维的"画"，一是语感的画面感表达、一是画面感的语感表达。我们再来看看运动：如球类运动中，我们知道运动员要有很强的"球感"，球感好不好，决定了球员的价值。激烈的足球运动，更是依赖球员的球感，驾驭场上的机会和主动权。天才的罗纳尔多、罗纳尔迪尼奥、贝克汉姆、马拉多纳、维阿、贝利等，无不具备超一流的球感。和语感敏锐的直觉的特性一样，运动员需在瞬息万变中，在第一时间做出反应。能作用反应，只能依赖直觉，也就是依赖球感。

（二）音画整合促语感

以音律引发对文本的体验感悟。例如，《十里长街送总理》，用《哀乐》和《国际歌》旋律的穿插交叠做背景进行朗读，那种沉痛、悲愤的感受将非常深刻；用《东方之珠》的旋律讲《香港夜色》的故事，更能强化香港之爱；用《命运》的旋律来讲《普罗米修斯》的故事，更能激发人们对普罗米修斯的景仰；《文成公主进藏》配以《珠穆朗玛》的歌曲，更能体验雪域风情。

以音响刺激体验的强度。《飞夺泸定桥》，哗哗的雨声、汹涌澎湃的水声、激烈的枪炮声、嘹亮的冲锋号声、雄壮的喊杀声，彼落此起，交织成一片，体验红军战士的英勇顽强，克敌制胜的雄心，当是异常深刻。《美丽的丹顶鹤》，配以鹤鸣，将体验到别样的情趣。《狐狸和乌鸦》，乌鸦那一声丑恶的"哇"之歌，仿拟一下，课堂上平添了许多轻松和快活。给《龟兔赛跑》配点"得得"的马蹄声，"咴咴"的马嘶声，"眼前"的场面更鲜活。

《雷雨》配以雷声雨声，《观潮》配以涛声、潮声自不待说。《夜莺之歌》就夜莺之歌，《山谷的回声》就山谷回声。

以画面来饱满语感。语文教学，重理解轻感受的误区历来已久，也许这个误区当下也未能缩小到哪里去，这也许和对"形象化"这一教学原则粗俗化的理解有关。所以，在教学实践中动不动就挂一幅图、投影一张片、展示一件实物，直截了当地说，你要理解的东西……就是如此。这样做，理解的难度小是小了，但是也剥夺了学生自主想象的权利，取消了精神产品个性化的多样可能。对学生的语言能力、思维能力的发展构成直接伤害。所以，画面问题要十分慎重。我们认为，画面的运用，应和学生的想象、联想互动，在互动中使语感更加饱满。因此，要把握好画面出现的时机，设计好画面内容。一般来说，画面宜在学生充分体验、想象、描述之后，而不是之前。画面的设计不宜过分充实，不宜过分终端化。太写实易拘执，太终端易滞塞。拘执便不活泼，滞塞就不通达，就会成为语感的障碍。画面的设计一般动态一点，夸张一点，变形一点，幽默一点，这样利于头脑的轻松和兴奋，易于找到感觉，易于语文和个体的亲和。比如，用风光短片《庐山》来饱满《庐山云雾》的感受，就会做到"境界全出"，将《狐狸和乌鸦》做成卡通，狐狸、乌鸦来点人格因素，其印象将长期活在我们的头脑中。

音画元素的综合。音画元素综合性地和言语元素整合到一起，其主要功能是境界性更饱满，感觉性更强烈，使情绪更高涨。例如，王维的《鹿柴》

"空山不见人，但闻人语响。反景入深林，复照青苔上"。一座人迹罕至、清冷空寂的山林，林木并茂，时光仿佛回到了太古。却偶然听见三两人声，似乎这山林并不寂静，但这三两人声在这天边的寂静中被稀释得若有若无，山林更显空旷幽静。山深林密，已显幽暗，更有千年青黑的苔藓，更是暗中又暗。而一抹残阳，欲以温暖鲜亮这幽林苍苔，但夕照虽美，只是一瞬。一瞬之后，夜幕降临，幽暗更深。诗人王维又是一个画家、音乐家，这首诗集诗、画、乐一体。王维以其对画面、色彩、声音的敏感，写出了有声的寂静，有光的幽暗，创造了一个特殊的艺术境界。我们不仅需懂得《鹿柴》诗意，更要体验、默会其境界。体验默会便是徜徉在音画之中。我们可以做这样的设计：透过轻雾弥漫连绵起伏的山岭，将山岭缓缓拉近，一片茂密的森林，让镜头在幽暗的林间穿引。黝黑的树干，厚重的青苔，堆积的落叶，时有一段溪流潺潺，一抹残阳从枝叶间挤过，苍苔上一痕暖红，瞬间淡去，村子暗下去了，眼前混沌模糊。音乐随画面一起律动，音乐可截取《天籁》的若干段落，可穿插洞箫、古琴的乐句。音响也嵌入其中，叮咚的水声，乍然的鸟鸣、人语、笑声，把这些音响处理得似有若无，若隐若现最好。在音画氛围中默读《鹿柴》，一遍两遍，若干遍，于是那境界身心俱入。这样的教学，会令人爽适不已！这样的教学使人感悟力大增，语感力大有前途。

（三）音画整合的语感意义

音画整合和情景教学有某些类似之处，不过，两者不是一回事。区别在于，情景教学营造情景是为达到理解，音画整合的目的是体验、感悟，是产生深刻的情绪，是生成并升华语感。

音画整合的语感意义如下。

（1）音画元素能激发语感，使语言所表达的境界、氛围、情感情绪，在音画的支持下饱满、鲜活、深刻。

（2）提升感觉的转移能力，将语言转化为音画、音乐、音响等。

（3）提升感觉的综合概括能力。整合的成果形成方式是视觉的、听觉的综合，是全方位的综合，是复合型的经验世界。

第五章　创新阅读教学

第一节　高校语文阅读教学的性质

一、语文阅读的智力价值

（一）阅读有利于提高学生记忆能力

人脑中对已有经验的保持及重现的过程便是记忆，影响人们记忆能力的因素较复杂，对于语言阅读学习来讲，学习强度和记忆技巧等都将对记忆能力产生影响。学习程度指的是在学习阶段正确反应能到达的程度。从记忆内容角度出发，通常将记忆分为情境记忆、形象记忆、情绪记忆及动作记忆等，其中形象记忆和人们思维能力联系较紧密，形象思维较强的人，记忆能力通常较强，在知觉的促动作用下，使得人们生成形象记忆。知觉整体形式的生成与知觉者审美经验和知识经验等有密切联系，因此，可以说通过提高审美经验，丰富知识经验，有利于知觉形式的形成，进而起到引起形象记忆的促动作用。而阅读主要价值便是积累审美经验，在进行语文阅读学习的过程中，实现知识经验的积累以及审美经验的提升，进而提高人们记忆能力，是语文阅读智力价值的主要体现。随着语文阅读实践的开展，人们知识经验不断积累，他们对客观事物的抽象性及整体性的把握能力随之加强，从而促使人的思维更加严密。在实际进行语文阅读教学时，应从学生记忆能力及思维能力这两方面着手进行培养，以便提高学生整体语文素养。

（二）阅读有助于开发人的潜能

语文阅读学习还能起到开发人的潜能这一作用，智力的形成同时受到遗传因素和后天行为的影响，需要通过增加自身知识经验，来形成较高智力。而阅读便是改变人们智力的开始，阅读过程中有关的联想、思维等活动能提高人对知识的敏感度，并且在阅读时需要保持注意力集中，能促使人们眼睛明亮，进一步打开心灵窗口，使得学生在阅读过程中达到耳聪目明的学习效果，并逐渐实现内在潜能的开发。读者在实际阅读过程中，需要通过识别文字符号来获取知识信息，用心感悟文本世界并结合主观意识，有利于审美体验的形成，读者可根据文本主体框架，建立联想触点来构筑联想视域，达到自身情感境界的升华。正是由于阅读的同时树立审美意识，并在原有阅读内容基础上进行延伸和建构，使得学生拥有较强创造力。另外，长期进行文本阅读，有利于磨炼学生思维力、想象力和联想力，对学生良好发展有促进作用。学生可根据自身需求选择感兴趣的读物，达到自身思维意识和阅读内容的融合，真正发挥语文阅读在挖掘学生潜能上的积极作用。

二、语文阅读的基本特点

（一）阅读教学目标取向

从语文学科综合性特点分析，阅读教学的目标是认识字、积累词、扩大知识面、了解人生世相、培养能力、开发智力、教给方法、学会发展、陶冶情操、形成正确的价值观，最终培养良好的阅读习惯，在阅读中解放和发展自己。而在具体教学过程中，即在对高校语文阅读教学特点进行具体分析时，可从阅读教学目标指向加以讨论，可发现教学目标逐渐由注重知识的传授转变为重视学生阅读能力的培养。传统的语文教学活动更多看重为学生讲解教材内容，通过背诵掌握语文知识，这种教学模式对提高学生阅读技能的意义不大。而随着语文教学改革的深入，语文阅读教学目标已经转变为重视学生语文素养及语文能力的培养，以便发挥语文阅读教学在学生全面发展上的积极作用。现阶段，语文阅读教学活动的开展主要以培养学生能力、传授基础知识以及发展智力等目标为主，追求语文知识内化为学生的语文能力，并注重训练方法的科学化与程序化。在素质教育充分落实到语文教学课堂的背景下，教师应及时转变教学观念，确保阅读教学在正确教学目标的引导下高效开展，进而促进学生语文能力的提升。因此，可以说教学目标向学生能力培养上的转变，是现阶段阅读教学特点的体现，需要在对这一特点有充分认识的基础上，合理设定教学内容及教学方案等。

（二）阅读教学内容取向

语文阅读教学的特点还体现在阅读教学内容逐渐由以课堂为中心转变为加强与社会生活之间的联系这一方面。传统的语文阅读教学通常是以课堂为核心展开的，教学活动开展重点在于提高阅读教学效率上，但是随着阅读教学改革进程的加快，语文阅读教学逐渐突破了原有阅读教学课堂的局限性，并认识到阅读教学应与实际生活联系起来。语文教学内容与生活有紧密联系，大多语文教学内容是通过实际生活得到的，并在与生活联系后实现知识的延伸。因此，在进行语文知识学习时，应通过接触广阔的学校生活以及社会生活，来实现教学效果的提升。目前，加强语文教学和生活实际间的联系已经成为语文教学领域重点研究内容之一，并且阅读教学逐渐朝着生活化方向发展，要求教师在明确语文知识来源于生活这一理论的基础上，将社会生活信息有意识地融入阅读教学中，以便丰富教学内容，促使阅读教学成为提高学生语文素养的重要途径。具体来说，语文阅读教学内容朝着与生活化紧密联系的方向发展，意味着语文阅读教学更加注重对学生知识运用能力的培养，是语文阅读教学重要特点之一，对促进语文教学事业发展有重要意义。

三、高校语文阅读教学的基本任务

（一）经典文本阅读教学任务

在进行经典文本阅读教学时，主要是为了培养学生审美情趣及提高学生人文精神等。在知识信息不断增加的时代背景下，需要语文阅读教学能起到培养学生审美情趣的作用，进而促进学生良好发展。审美需求是高校学生会自觉追求的内容，要在掌握学生心理需求的基础上，为其提供情绪宣泄出口，发挥语文阅读在健全学生人格上的功能。经典文本阅读教学可通过塑造优秀的艺术形象及意象世界，来带给人们艺术体验。在阅读教学营造的环境下，促使学生能活跃自身想象，在精神层面上感到放松和自由，是经典文本教学应达到的教学目的。另外，开展经典文本阅读教学，还有利于提高学生人文精神。个人智力发展程度与其性格有紧密联系，而经典文本一定程度规范着人类思维，具有道德约束作用，并能在阅读实践的过程中，帮助读者养成良好行为习惯。阅读文本中的文化信息、历史学及哲学等价值判断，可提高读者人生境界，使其形成正确的人生观。因此，在进行语文阅读教学时，应明确阅读教学在培养学生人格和规范学生行为等方面的积极作用，进而得到理想的教学效果。

（二）媒体文本阅读教学任务

在进行媒体文本阅读教学时，应能完成满足学生阅读过程中休闲娱乐体验的任务。媒体文本具有信息丰富、互动性强等特点，能解决读者心理困惑，是媒体文本能够广泛传播的关键。阅读文本中传统元素与现代元素的融合，展现出较大自由度，为读者创新思维的运用提供了空间，有利于学生个性化发展。特别是媒体文本在多媒体课件上展示出来，将呈现出多层含义，更加直观和形象地传达文本内容。例如，在进行网络视频阅读时，可在音乐、文字、画面等多种元素的共同作用下，使得读者感受阅读的喜悦。并且多种媒体组合起来，随意切换风景图像，能为读者营造良好的阅读环境，同时媒体文本在不同媒体上的自由切换，能促使读者成为控制文本的阅读者，真正发挥阅读在放松人们身心上的作用。另外，媒体文本阅读教学活动的开展，还可加强对学生乐观、阳光等个性素养的培养。媒体文本传达出的时代化理念，引导读者关注现阶段社会热点问题，并且媒体文本阅读行为可在互联网环境下进行，体现出互动性特点，使得媒体文本内容能被读者深入挖掘，使媒体文本获得生成价值。对于高校学生来讲，通常追求体现时代特征的阅读内容，媒体文本阅读能有效满足学生阅读需求，并加大对他们个性素养的培养，进而完成高校语文阅读教学目标。

第二节 高校学生阅读能力的基本结构

一、认知能力

认知能力是高校语文阅读能力结构体系中的主要组成部分，在进行语文阅读教学时，应注重对学生认知能力的培养，通过丰富认知策略，来达到培养认知能力的阅读教学目标。从心理学角度出发，阅读指的是读者将阅读材料中收集到的信息与其自身认知结构中的已有知识结合起来，生成一定意义的过程。较高的阅读能力离不开观念性理解、认知策略及自动化的技能等要素，其中观念性理解指的是阅读者应做到对阅读文本中涉及的字、词、句、语体及文体等知识内容的基本理解，属于陈述类知识；自动化技能则主要指阅读者在阅读过程中遇到的文体、语体等，对这些知识进行解码和翻译的技能；而认知策略指的是学生在阅读实践中自动形成的一种阅读技能和方法。从知识分类方面来看，认知策略和自动化技能可看作是程序性知识。通过以上阐述，我们可将语文阅读过程划分为四个过程，分别是解码过程、内容表面含义理解过程、推理过程以及理解监控过程。从认知心理学层面着手进行阅读能力的阐述，能帮助教师和学生明确阅读能力结构组成中认知能力的重要地位。丰富阅读教学中的认知策略，能够加大对学生认知能力的培养，这是提高语文阅读教学效果的重要途径。在阅读理解过程中，阅读者要首先对语言信息有明确认知，进一步对阅读文本内在含义有所掌握。言语信息通常是通过图式表示出来的，存在于个体已有的认知结构中，需要阅读者凭借自身知识积累，来对阅读文本表达信息初步掌握。

图式就是指以某一特定主题为核心，建立起相关知识表征及存储的方式，利用图式简化知识学习难度。通常来讲，学习者自身图式结构的构建程度能反映出其阅读能力强弱，需要在不断地阅读实践中丰富图式结构，进一步提升阅读者认知能力。图式中不仅包括概念及命题的网络结构，还包含解决问题的方法及过程的程序性知识，主要起到梳理知识、连接各知识点的作用，进而形成知识网络，这种情况下生成的认知图示便被称作记忆。在进行语文阅读过程中形成的图式属于一种心理组，将阅读阶段涉及的各类知识结合起来，这些知识彼此作用，共同组成有机的结构体系，在之后的阅读实践中不断丰富，并作为阅读理解的工具。高校语文阅读中需要用到的图式结构包括场景图式、形象图式和语言图式等，需要明确图式在学生理解文本内容上的重要作用，并引导学生注重自身图式的构筑，进一步提高他们的认知能力。在阅读文章前，可借助图式使得阅读者对文章内容有初步了解，并通过推理、搜索等，加深对文章细节内容的了解。总的来讲，图式构筑是一项重要的认知策略，需要在充分利用图式作用的条件下，加强对文章内容的理解和掌握。例如，教师在开展语文阅读教学时，将以丰富学生语言信息的图式体系为主要教学目标，从多个角度引导学生探索文章内容，并在这个过程中实现学生自身的图式结构的完善建设。包括使学生更多接触社会生活，使得他们在阅读时能融入自身生活经验，深入体会文章内在情感；另外，还可以引导学生课外阅读，促使他们的图式结构和阅读经验更加丰富；同时，在学生已经具备一定图式结构的基础上，还要求他们做到各类图式的整合分类，以便在阅读过程中快速达到阅读文本信息和图式结构的结合，是提高学生认知能力的有效途径。

二、思辨能力

进行高校阅读教学的重要意义在于培养学生的思辨能力，通过组织思辨性阅读教学活动，提高学生个体发展价值，在向学生传授阅读知识的同时，提高他们的思维能力和反思意识，从而促使学生具备较高的语文素养。教学首要任务为使学生掌握必要的文化知识，在阅读教学课堂上培养学生思辨能力便是一个传授知识的过程。不仅包括教材本身的语文知识，更多是在这个基础上体现出的传统文化精神、阅读技巧以及思维方式等内容，进一步激发学生的语文阅读学习兴趣，为他们的未来发展奠定基础。因此，要想充分发挥语文阅读教学在提高学生思辨能力上的积极作用，需要确保学生在教学活动开展过程中获取有利于其核心素养形成的知识，进而在知识不断积累的基础上，促进学生思维的良好发展。丰富的知识体系是学生思维不断发展的基础，需要通过注重知识的全面讲解，来达到学生朝着高层次发展的教学目标，真正实现学生思辨能力的形成。另外，高校语文阅读教学在学生思辨能力提升上的重要意义，还体现在提高学生理性思维能力这一方面，对于语文阅读来讲，在深入探析阅读文本内涵的过程中，通常需要阅读者凭借自身理性思维，做到对阅读文章充分了解。因此，可以认为学生进行语文阅读的过程就是思辨能力提升的过程，在思辨性阅读教学有序开展的条件下，能保证学生自觉运用辩证思维来了解文章内容。

理性要求学生自主分析和思考阅读文本，并在理智状态下将自身想法及观点准确表达出来，而理性思维则是指依据事实实际说话的一种思维方式，通过严密的推理得到相关结论，思辨能力主要强调学生这种自主思考的能力，可通过阅读教学为学生发展提供有效途径。心理学领域相关知识表明，高校学生思维发展主要是抽象逻辑的完善，在一系列行为作用下，不断深化学生自我意识，相较于之前的阅读学习活动已经发生了实质上的改变。从这一角度出发，教师在组织语文阅读教学活动时，应避免过于注重对文章情感渲染的分析，而应以发展学生理性思维为主，合理选择教学关键点，通过设计有利于学生思辨能力提升的教学内容，真正促进学生思辨能力的提升，以便为学生终身学习奠定基础。通过思辨性语文阅读教学的开展，来引导学生利用理性思维能力学习相关知识，并在阅读教学过程中，帮助学生养成独立思考的习惯，能结合自身风格得出结论。总的来讲，在培养学生阅读技能时，要注重学生思辨能力在阅读能力体系中的重要地位，通过设计满足学生思辨能力提升需求的教学内容及教学方法等，可进一步促使学生从理性思维角度出发进行阅读知识的学习。

三、鉴赏能力

高校语文阅读教学应将培养学生独立阅读能力作为重要教学目标，同时发展学生感受及理解能力。在实际教学过程中，教师应凭借自身的文本解读能力，对文本进行推敲并总结文章传达的信息，进而有针对性地提高学生的文本感悟能力。因此，要想提升学生的文本鉴赏能力，需要首先强化教师文本解读能力，确保教师在备课环节做到对文本的充分掌握，从而获取理想的教学效果。例如，教师应有意识地引导学生进行高质量阅读，并通过不断增加阅读强度，来达到提高学生阅读理解能力的目的。教师可针对学生特点，为其推荐感兴趣的阅读文本等，确保学生阅读鉴赏能力循序渐进地提高。如对于散文类文章来讲，主要特征在于形散神不散，而记叙文通常采取夹叙夹议的叙事手法，这种固定思维容易限制学生阅读能力的提高，因此，教师应帮助学生在了解阅读语言信息时从文本实际出发，运用已有经验合理分析文章内容，以免走进理解误区。

另外，为了加大对学生鉴赏能力的培养，还应注重对文章独特写作技巧及风格的剖析讲解，在对文章内容有全面把握的条件下，具体分析文本精髓，不仅能激发学生阅读兴趣，还能促使学生阅读鉴赏能力的提高。总的来说，对学生鉴赏能力的培养，是高校语言阅读教学的主要任务，学生鉴赏能力的高度将直接影响学生对文章的掌握程度，只有在确保学生具备一定鉴赏能力的基础上，才能提高他们的语文素养。在实际阅读教学时，教师应明确文本主题和核心，进一步深入探讨文本信息。通过确定阅读教学重点，有利于提高教学质量及效率，通过对比分析教材内各词句特点，帮助学生深入了解文本内容。通过上述阅读教学措施的实行，帮助学生在阅读过程中做到对文本信息及文章整体情感基调的掌握，即提高学生文本鉴赏能力。由于鉴赏能力是语文阅读能力结构体系中的重要组成部分之一，因此，有必要将这一能力的培养作为教学重点，并在具体分析某一文章的过程中，使得学生掌握文本鉴赏技巧，通过字词句提供的信息，深入剖析文章阅读价值。

四、创造能力

语文阅读能力体系中还包括创造能力，需要通过引导科学训练，来达到提升学生创新能力的目的。阅读理解的最终目的在于创新运用，能根据自身的阅读经验，在之后的阅读过程中对文章得到创新看法，为了提高这一阅读能力，应合理设计科学的训练内容，以便培养学生掌握多种认知策略，使他们能在合理运用认知策略的情况下，保证对文本信息有明确掌握。

认知策略通常被看作是一种自我调控技能，包括相应的阅读操作步骤，阅读认知策略指的是阅读过程中使用的各种阅读技巧和方法，并在阅读者不断进行阅读实践后形成相应的认知结构，主要包括组织策略、复述策略和精细加工策略等，同时还包括阅读计划策略和元认知策略等。在语文阅读教学过程中，要求教师注重训练学生的阅读认知策略，将阅读规则和步骤等方面知识呈现给学生，通过利用科学的训练方法，促使学生能针对各类阅读规则进行实践训练，从而提高学生在阅读过程中的自动化程度，使其内化成学生自身的阅读技能。在学生掌握基础阅读技巧的基础上，还需要加大对学生创新思维的培养，语文阅读效果提升的关键在于，能针对已有的文章体系，挖掘内在价值，通过创新思维在阅读时的运用，能在一定程度上加宽学生的阅读面，为他们阅读行为的有序开展奠定基础条件。因此，我们认为创造能力是学生进行语文阅读时需要具备的主要能力之一，为文章赋予了新的价值，是提升学生语文阅读技能的关键。

在阅读实践过程中，要保证学生体会作品自身的艺术形象，引导学生对作品主题思想以及构思特点等有所掌握，并且教师应在阅读教学中，结合阅读文本特点，使得学生注重某类阅读文本的积累，在重复练习的情况下，促进学生大脑发展，并有意识地在阅读时运用创新思维。通常来讲，在欣赏阅读文本时，需要对文章的写作技巧及写作风格等进行深入探析，对于创造能力较强的学生而言，能达到对文本信息的深入挖掘，并在自身创新意识与阅读文章有效融合的情况下，达到较好的阅读理解效果。同时教师要适当改变以知识单方传授为主的教学方式，应通过多种方式配合使用，探索出提倡自主及合作的学习模式，尊重学生对阅读文本的多元化解读，进而培养学生在阅读时的反思和创新等能力。另外，要将语文阅读教学的主要目标设定为全面提高学生语文素养，确保学生各项阅读能力和谐发展，不仅发挥阅读教学在充实学生知识体系上的积极作用，还注重阅读方法和技巧的讲解，在上述多个要素有机结合的条件下，才能真正培养学生的阅读创造能力。

第三节　高校阅读教学的基本方法

一、泛读、精读与研读

在进行高校语文阅读教学时，普遍采取泛读、精读和研读的教学方法，能保证学生有效掌握语文阅读知识。为了充分发挥这一教学方法在提高教学质量上的积极作用，需要确保学生详细阅读文本，并初步把握整体文意。阅读教学中运用的文本细读方法指的是教师将自身解读关键点转变为学生学习重点，引导学生在以文本为主的基础上，揣摩字词句，将文字与画面结合起来，建立起与文本相应的场景，可降低学生阅读理解难度，并促使学生与文本内容产生共鸣，为之后的阅读学习奠定基础。通过构建相应的场景，可激活学生阅读实践积累和生活经验，引领学生感悟文本深层内涵和内在情感，从而为阅读者提供审美享受。因此，在实际教学过程中，要注重学生对文本内容的全面了解，以便保证泛读、精读和研读的教学方法落实在阅读教学过程中。学生是阅读学习的主体，他们与文本的接触程度对整个阅读教学效果有直接影响，当学生没有对文本形成整体印象，还不能明确掌握文本重点内容时，要求学生针对文本中的语言信息进行反复咀嚼，以免造成学生对文本内容体会不深的现象。为了确定预期阅读教学效果，需要实施文本泛读、精读、研读的教学方法，教师引导学生做到对文本信息的全面掌握，并明确文意，是阅读教学的根本要求，只有按照文本泛读、精读、研读的顺序进行阅读学习，才能深入感悟词句含义。

学生在没有全面阅读文本的情况下进行阅读学习，将导致所有的感悟在缺少文本支撑的状况下成为泛泛之谈。要求学生做到对文本内容的初步掌握，是避免阅读教学课堂无中心扩展和无效讨论的关键，进而促使高校语文阅读教学高效开展。学生在进行文本阅读时，不能完全依靠课堂上完成，还需要在课余时间完成文本泛读等环节，并在多次阅读的过程中，加深对文本内涵的了解。实际教学时，不仅需要保证学生对阅读文本信息的充分掌握，还要保证细读过程的高效性。例如，高校语文阅读教学中普遍使用泛读、精读、研读的教学方法，教师将根据课堂教学内容，为学生布置相应的课前预习任务，使得学生在课前完成泛读文本和精读文本等学习环节，以便节省课堂教学时间，在正式进行语文阅读教学时，教师可直接要求学生根据自学成果，挑选出具有探讨价值的词语和句子等，能有效提高阅读教学效率。在研读文本阶段，要求学生能深入挖掘文本内涵，在对文本表层含义有所把握的基础上，再次针对品味语言来对文本内在含义加以了解，是阅读教学的最终目标。通过采取上述教学方法，能帮助学生掌握一定量的阅读知识，并将其转换成自己的阅读技能，是应用效果显著的教学方法之一。

不过，这里所谓的泛读、精读、研读教学法不仅仅局限于教材范围内的阅读，还可以延伸到课外，那就是打破常规、扩大视野、善于反思的阅读。针对教学内容，尽可能广泛阅读相关内容的文本，可以通过新媒体获取海量信息。在此基础上根据自身承受力和个人愿景需要，有选择地详细阅读，做到目标明确，切实有用。再就是阅读要带有批判思维，不仅要了解文本写了什么，为什么这样写，还要反思这样写会给人类带来哪些启迪和不足等，只有带着问题读，才能跳出文本的约束，产生阅读增值效应。

二、常规教学法

高校语文阅读教学中常见的教学方法包括情境教学法和个性化阅读教

学策略等，通过合理选择教学方法，能为教学效果的提升提供有利条件。

首先，对于情境教学法来讲，就是根据实际教学内容来搭设相应的教学情境，从而为学生营造适宜的阅读环境，激发学生阅读兴趣，并且在适当的教学情境中，有利于感染学生心境，帮助学生更快进入文本，全身心投入阅读过程中，学生在这种情境下的感受是最真实的，这样可以促使学生对文本内涵有正确认识。实际运用情境教学法时，可通过教学情境的多样化预设，为教学质量的提高提供有效手段。例如，教师可在基于教材内容的前提下，设计相关的问题情境，这时可引导学生带着问题进行文本阅读，并感知文本，在学生确定阅读任务的情况下，能有效提高学生阅读针对性，使得他们能有目的地收集相关文本信息，促使阅读实践过程的高效进行。在设计问题时，教师可根据某一人物特点或文本中关键词句的运用目的等内容进行问题的细化设置，以便提高学生自主学习质量，有利于学生阅读技能的提升，推动学生的个性化发展。

除了情境预设法外，在语文阅读实践中还会采取个性化的教学策略，指的是根据学生个性特点，制定对应的教学内容以及教学方案等，进而确保教学方法在阅读教学课堂上的有效落实。为了保证个性化教学策略在阅读教学中的有效应用，要做到教学内容的选择满足学生阅读需求。学生自己的认知水平、学习能力以及个性特点等存在明显差异，这就表明学生学习需求是不同的，对于高校学生而言，要在保证教学内容体现一定深度的同时，突出教学内容的差异性。例如，对于思维较活跃的学生来讲，除了为他们提供基础教学内容外，还要结合其他课外阅读内容共同讲解，确保阅读教学活动的开展，有助于学生阅读技能朝着高层次发展，尤其应注重教学内容的选择，能起到培养学生语言表达能力及文本感悟能力的作用，以便发挥教材在阅读教学开展的基础作用。教师应重视选择阅读文本中能提升学生语文素养的教学内容，不仅要加大对学生知识体系完善构建的重视，还要注重对学生精神境界的提升，通过采取个性化教学策略，可为语文阅读教学的良好发展注入活力，进一步为学生的未来发展奠定基础。

三、创新教学法

阅读教学方法的选择对阅读教学效果有直接影响，教师通过选择适当的教学方法，能在实际教学过程中引导学生在阅读文本的同时，获取相关阅读知识，并提高阅读能力，形成阅读思维，是培养学生语文素养的重要策略。传统教学方法包括提问法、教授法和朗读法等，这些教学方法在阅读教学中的使用具有一定优势，但还存在一些不足。因此，我们应该在汲取传统教学方法优点的基础上，提出新的教学方法。对话式阅读教学方法便是随着语文教学改革而出现的一种教学方法，在目前的语文阅读教学中有广泛运用，这一教学方法主要是将对话作为阅读教学的基础，从对话角度出发来设计一系列教学活动，并在对话过程中丰富学生思维经验。从某种角度来说，教学活动本身便是一种对话活动，在阅读教学时，构建起教师与学生、学生与阅读文本以及教师与阅读文本间的对话关系，并坚持学生在课堂教学中的主体地位，可确保阅读教学活动的顺利开展。

从学生与教师间对话来看，在进行文本阅读时，通常将学生看作教学活动主体，而教师则是教学活动发起者以及活动开展的促进者，因此，要及时改变单方面传授的教学方式，需要通过对话式教学方法在阅读教学中的实施，加深教师对学生特点的掌握，以便提高教学内容和教学方法的针对性。教学内容的合理选择，有利于促使学生体会阅读乐趣，从而满足语文教学改革要求，在提高教学质量方面有重要意义。另外，还可运用体验式教学方法。高校语文阅读教学主要任务为注重对学生人文精神及综合素养的培养，在学生切实感悟作品魅力的情况下，使得学生将语文知识转化为其内在精神品质。因此，高校语文阅读教学应注重学生对文章作品的感悟体验，通过选用体验式教学策略，帮助学生掌握作品内涵，并在与作品互动过程中，激发学生阅读兴趣。体验教学法指的是教师在明确教学目标的条件下，设计相应的教学氛围，引起学生情感认同和情感体验，进一步实现阅读教学目标。在现代高校语文阅读教学中，普遍使用体验式教学法，强调学生在阅读过程中的情感体验以及阅读行为自主性，为了确保这一方法在实际教学中的有效应用，需要教师根据教学需求设置阅读氛围，同时要求学生积极融入教学实践中，以便感受文本内在文化气息。总的来讲，多种阅读教学方法的运用，能保证语文阅读教学取得良好效果，语文阅读教学课堂中教学氛围的营造，是提高学生在课堂活动中参与程度的有效措施，有助于强化教学效果。

教无定法，有道可循。随着时代的进步和媒体技术的更新高校语文教学法与传统教学法相去渐远，随之而来的是各种新教学法不断涌现，呈现出良莠不齐的现象。截至目前，还没有哪一种教学法是万能的，这是因为教育因素的复杂性客观决定了方法选定的难度。只有针对不同教育对象、不同地域文化背景与不同执教人员的素养风格以及不同教学内容设计教学法，才可能收到事半功倍的效果。无论选择什么样的教学方法，也无论怎样变化，语文学科性质与培养人才目标始终是融为一体的，只有在这两种决定因素中找到契合点才是科学的选择。所以科学有效的高校语文教育教学方式方法的探索还是一项艰辛的工作，任重而道远。

第四节　高校阅读教学的运用

一、诗歌教学

（一）高校诗歌教学的重要意义

诗歌教学是高校语文阅读教学的内容之一，在进行诗歌教学的过程中，主要针对诗歌内容以及其中展现的人生态度和作者品质等进行分析，从而引导学生树立正确的人生观及价值观。高校语文诗歌教学对学生未来发展有重要的促进作用，诗歌教学的开展有助于学生心理健康成长，促使学生想象力的发展，进一步帮助学生构建健全人格。语文古典诗歌是重要的阅读教学素材之一，其中包含的人生哲理及思想情感等，在促进学生形成乐观向上的生活态度以及高尚品质等方面有较大帮助，另外，诗歌中呈现出的人物形象，会一定程度影响高校学生心理成长。例如，苏轼的《定风波》、陶渊明的《归园田居》等，这些作品中都展现出作者的人生态度，以及对美好生活的向往，能在学生自身人格构筑上起到积极作用。教师在进行高校语文诗歌教学时，应充分尊重学生的审美体验，引导学生真正融入古典诗歌教学中，思考作品中的人生智慧，以便在深入剖析诗歌内容及思想情感的过程中掌握诗歌创作技巧，在实践中形成自己的诗歌创作风格，有助于学生写作能力整体提升。对于高校语文阅读教学而言，主要任务在于对学生审美能力以及想象力和创造力的培养，而诗歌教学的开展，可为学生想象力的发展及运用提供广阔空间，进而满足学生发展要求。另外，高校语文阅读教学中的诗歌教学，还可促使学生积累丰富知识，提高他们的审美能力，使得诗歌教学在传授传统文化知识的基础上，注重学生知识运用、探究以及审美能力的培养，进而实现学生的全面发展。教师在引领学生感悟诗歌包含的情感这一过程中，将极大程度锻炼学生审美思维，因此，可以说语文诗歌教学是高校语文阅读教学过程中需要重点开展的教学内容之一，从而提升学生的语文素养。

（二）提高诗歌教学效果的有效措施

要想达到理想的高校语文诗歌教学效果，则需要采取相应的教学策略，在教学策略有效实施的条件下，确保诗歌教学满足学生发展需求。首先，需要确保诗歌教学内容的选择符合学生个性化发展要求，不同个体对同一事物的感官体验存在差异，这就要求教师注重学生心理特点，确保诗歌的选择能引起学生共鸣，在尊重学生个性化发展的前提下，帮助学生明确自己适合的诗歌类型，提高学生诗歌创作能力。实际教学中，教师应及时改变单方面传授知识的做法，避免向学生灌输自己对诗歌的感悟，导致学生审美体验出现偏差。教师应更多注重学生在课堂上的主体地位，鼓励他们参与到审美活动中，通过组织学生参与合作学习、自主学习等，提高学生在诗歌学习上的主动性，这样不仅有利于完善学生诗歌知识体系，还可激发他们对诗歌的诗歌学习兴趣。同时，教师应做到充分把握学生不同阶段的诗歌解读特点。高校学生接触到的诗歌内容已经有一定难度，这种情况下，教师应适当调整诗歌内容重难点等方面，通过将教学目标设定为循序渐进地提升学生审美能力以及诗歌创作技能，从而在教学目标引导下，有效实施个性化教学策略，可确保诗歌教学活动的高效开展。另外，为了提高诗歌教学质量，还需要确保审美内容的多元化，例如，教师在指导学生学习诗歌知识时，可指导学生吟诵诗歌，以便加深他们对诗歌音乐美的感受，在吟诵诗歌的过程中，可确保学生真正投入诗境中，从而把握诗歌情感，在诗歌吟诵过程中，要求学生能利用自身想象力，构建出诗歌意境，以便获得审美体验。

我国现代诗人、文学评论家何其芳曾说："诗是一种最集中地反映社会生活的文学样式，它饱含着丰富的想象和感情，常常以直接抒情的方式来表现，而且在精练与和谐的程度上，特别是在节奏的鲜明上，它的语言有别于散文的语言。"[①] 这个定义性的说明，概括了诗歌的四大特点：一是高度集中、概括地反映生活。二是抒情言志，饱含丰富的思想感情。三是丰富的想象、联想和幻想。四是语言具有音乐美。因此诗歌的教学还要突出诗歌本身的特质。我国是诗歌的国度，从第一部诗歌总集《诗经》开始，到楚辞、汉赋、魏晋风骨、唐诗、宋词、元曲等古代诗歌的涌现直至近现代新诗的突飞猛进，构成了诗歌的长河，滔滔不绝，汹涌澎湃，取之不竭，用之不尽，为学习者提供了广泛而深厚的学习资源与精神沃土，也为高校语文创新教育提供了广阔的探索空间，其学科优势无与伦比，创新教学永远在路上。

---

① 何其芳.还乡杂记[M].上海：文化生活出版社，1948.

二、散文教学

（一）高校散文教学审美困境

高校语文阅读教学相对于单纯的散文文章阅读来讲有着明显区别，但是部分教师没有明确认识散文教学对学生审美能力的影响，在实际教学中还存在教学方法选择不合理的问题。现阶段高校语文散文教学主要问题为审美概念存在缺陷，导致审美内容对立。现阶段，阅读教学课堂大多数由学生通过阅读直接获得审美体验，教师在课堂上无法发挥主导作用，不能引领学生深入感受散文阅读中的审美价值，容易导致学生对阅读的理解过于表面化。并且由于教学模式的固定化，容易限制学生审美思维的发展，无法保证学生对散文中的美感有明确认识。另外，目前在进行语文散文美学价值分析时，审美标准的不明确，造成审美结果的不一致，大部分散文需要结合其创作背景，才能理解作者的创作思想。因此，在进行散文分析时，需要综合考虑散文创作背景、散文类型中包含的民族文化等多种因素，才能确保对散文阅读的审美价值做出合理分析。然而目前语文教师在分析散文创作背景方面投入大量精力，忽视了作者文化心理变化，以及有关审美发展史的分析，这就导致散文阅读审美探究不够充分。例如，在对沈从文的《边城》这一文章进行赏析时，如果单纯从自然美学的角度引领学生感受作品内涵，势必导致学生对文章的理解过于片面，作家沈从文始终坚守节制的审美观念，包括人与人交流时的节制，实际分析时要结合作者心理特点，来达到对作品社会属性的掌握。

（二）高校散文教学效果提升的建议

为了突破高校语文散文教学过程中的审美困境，需要从以下方面着手来提高散文阅读教学效果，首先，应重新构建审美内容。散文审美空间的打造并不在于降低教师引导作用，道德审美以及情感审美等文化内容的输出，一定程度上可作为学生感受散文阅读美学体验的中介，并且审美内容可分为情感与非情感以及道德与非道德这两方面的对立，教师不仅要尊重学生的探索意识，还要丰富学生审美探索渠道，需要尽快打破教师为学生预设审美渠道这一教学困境。例如，在进行《听听那冷雨》这一散文审美分析时，大部分教师主要针对情感主题对散文进行分析，大多得到思乡之苦的情感辨析结果，但在文章细节上的感悟有所不足。因此，教师应引领学生加大对细节内容的美学分析，并通过将同类散文放在一起进行比较，从而促使学生对散文中的审美体验有所掌握。其次，需要重建审美标准。影响学生感悟散文阅读中美学体验的主要因素在于审美标准的缺失，为了解决这一问题，需要从作者性格特点、作品创作文化背景等角度出发，确保审美标准合理营建，为学生散文阅读分析奠定基础。通过上述措施的实行，能有效提高散文阅读教学质量，进而发挥散文阅读教学在提升学生审美能力方面的积极作用，并提升学生创作能力。再次，厘清文章思路，体验真情实感。散文的形式是"散"的，但并不是天马行空、无所收束的，看似海阔天空、漫无边际的描写叙述，其思想感情的主线是统一的。教学中要梳理出作者的感情线索、时间线索和事件线索，体验作者在文章中寄托于人、事、物、景的感情倾向。比如，在朱自清的《荷塘月色》阅读教学中，可从作者夜游的行踪变化以及景点的转换中探究作者情绪与思想变化的轨迹，以收到时效性教学效果。最后，注重主体意识的参与。教学中学生情感的投入与主体认知程度是教学成功与否的重要目标之一。散文教学中要引导学生深入文本情景，通过与作者及其提供的人、事、物进行深层对话，与自己的情感体验碰出火花，从而形成自己独到而有意义的见解，这既是一种学习过程，一种对作品的深度认知与感悟，更是一次生命成长的体验。

三、小说教学

（一）把握小说内涵

小说教学实践开展过程中，需要针对环境进行分析，从而把握小说内涵。在小说作品中，作者为了塑造鲜明的人物形象，往往会通过描写人物语言、动作、心理等，来向人们展现特色鲜明的人物形象。上述描写内容之间存在紧密联系，不仅需要与小说故事情节完全融合，还要符合社会背景。小说中人物形象的形成，主要与小说环境有关，小说环境不仅能起到推动故事情节发展的作用，还能营造出相应的气氛。通常来讲，教师在进行小说教学时，需要从自然环境以及社会环境等方面着手，加深对小说内在情感的探讨。以鲁迅先生的《祝福》为例，小说中描写鲁迅先生阴暗的书房、人与人之间的冷漠等，进而营造出小说人物凄惨的生活环境，预示悲剧势必会发生。通过深入分析小说内涵，可帮助学生掌握小说描写技巧和方法，并且通过环境分析，能做到对小说中人物形象特点的全面探讨，进而为小说教学的开展提供有效途径，为教学活动的顺利进行提供保障。总的来讲，对小说内涵的分析，是学生进行小说学习不可忽略的环节，同样是学生全面掌握小说阅读知识的关键。

（二）扩充小说外延

在把握小说内涵的同时，还需要进行小说内容的延伸，进一步深化小说主题。小说灵魂便是小说的主题，教师在分析小说时，需要从多个角度出发，对其主题进行分析讨论，详细分析作品中人物命运以及故事情节设置特点等。在对《祝福》这一小说进行分析时，不仅要从祥林嫂被压迫的命运这一角度进行分析，还要充分考虑祥林嫂善良的性格特点，进而在对比分析下，对黑暗的社会背景有所了解，进一步将小说主题升华到社会层面。又如，鲁迅先生的著名小说《药》，需要从革命者在反抗封建社会做出的牺牲这一方面着手，进行小说主题的深入探讨，了解革命者和群众间的关系，从而体会小说批判现实主义的写作思想。因此，教师在进行小说教学时，需要以文本内容为基础，引导学生结合小说内容进行其内在思想的探索，并将创新思维运用在小说分析中，从多个层次着手对小说主题进行细致探讨。对于小说教学来讲，主要起到提升学生创造力以及思维能力的作用，是开展小说教学实践活动希望实现的重要教学目标。小说教学是高校语文阅读教学中的主要组成内容，要想通过小说教学活动的组织来提高学生语文阅读能力，有必要在小说教学最终目标的引导下，结合学生实际情况，教导他们对教学内容充分掌握，通过深入探讨小说主题并把握小说外延，以保障小说教学高效进行。

（三）关注叙事技巧

常规小说教学主要针对小说中的人物、事件、情节三要素进行分析归纳，往往关注的重点是小说写了什么，表达了什么样的主题，而很少研究小说采用的是什么样的叙事方式与叙事技巧，这样的教学模式很容易将小说的内容与形式割裂开来，最多是让学生知道小说讲的是一个关于人物或事件的故事，那么这个故事怎么讲，为什么这样讲却很少过问。殊不知小说最精彩最吸引人的地方还在于叙事技巧。要深入理解小说的艺术魅力与文学价值，就得引导学生从叙事学角度对小说表达形式进行品读鉴赏。高校的学生对于小说的理解通常指向传统的现实主义，教师可根据课堂实际情况，列举出表达形式与传统现实主义小说迥然不同的现代主义或后现代主义作品，由此导出小说的"故事与叙事"的区别，从而帮助学生建立起现代叙事学的基本框架。简单了解小说故事和叙事的区别后，教师可从叙事角度、叙事时间和叙事结构三方面对现代小说叙事理论做简要介绍，其中叙事角度为教学重点。为避免纯理论知识讲解的枯燥与深奥，教师应通过简单易懂的实际例文分析，比如，"马原体"小说，堪称是小说叙事革命，是一种放逐意义，重视叙事本身的形式实验，其叙事显得随意自然，完全没有传统小说的叙事秩序，故事之间没有任何逻辑关系。如《冈底斯的诱惑》讲述了探寻"野人"，观看"天葬""顿珠婚姻"三个互不相干的故事。马原在小说中陈列各种事件的写法，实际上就是一种对于生活现实本质的叙事还原。通过简单的实例分析，能让学生直观形象地了解叙事角度对小说表达的影响。同样的教学方法也可用在对叙事时间和叙事结构的阐述上。

小说是虚构的真实，故事和叙事共同折射出作者的写作意图和审美内涵。高校语文的小说教学，应首先构建现代叙事学的基础框架，才能让学生在随后的具体文本赏析中，形成从叙事学角度鉴赏小说的意识，比如，作者为什么从这个角度讲故事？换成其他角度讲述的话效果如何？作者为什么要采用这样的叙述顺序？小说结构安排的背后有怎样的用意？对这些问题的思考与探索，才是高校语文中小说教学的创新之路。

（四）体验小说情景

高校语文教学，首先要明确学生的主体地位，学生不是知识的被动接受者，而是知识的研究者和创造者；而教师作为课程的组织者和指导者，应引导学生用自己的经验和情感去体悟作品，更多地发现作品的"不确定性"和"多重性"，可根据高校语文小说教学的特点及学生的实际认知水平，通过实践教学，以角色扮演、问题研讨、情景模拟及比较教学等较适合小说的创新教学方法，以激发学生自主学习的兴趣。如《游园惊梦》中刻画人物的手法之一是自然而精准的人物对白描写，这也是白先勇小说的一个特点。在教授该课程时，可让学生分小组对不同场景进行演绎，并提出问题让学生思考：不同人物的对白分别有什么特点？映射出怎样的人物性格？通过角色扮演，扮演者和观看者都会对人物形成一个大概的印象，有些扮演者甚至会将自己的领悟在演绎过程中通过语气、动作体现出来，在此基础上，师生再一起来分析每个人的性格特点。这其中，教师始终处于引导者的位置，每个人物的性格特点都应由学生自己分析，一个人的理解或许不够全面，但把多个人的回答汇总到一起，往往能形成一个比较正确而全面的形象。这时教师再做总结性的概括，比如，同样是国民党上层的夫人，由于年龄、身份、经历的不同，她们所使用的语言也不一样，钱夫人温柔、婉转中透着些小心谨慎；窦夫人八面玲珑，同时又因自己正得势而自然流露出一些炫耀；蒋碧月则轻佻放荡；等等。在课堂教学开始阶段使用角色扮演法，可充分吸引学生注意力，调动学习的积极性。

问题教学法中的问题，可分为大问题和小问题，高校语文教学应注重大问题的研究。大的论题可提前布置，让学生在课前充分准备，再带至课堂上讨论；或教师在课堂上布置，交给学生课后自行研习，再提交成果。大问题的研习，关键在学生课余时间的自主学习，教师起指导、督促的作用。比如，在了解了《游园惊梦》中主要人物的性格特点后，教师可从叙事学角度提出问题：这篇小说是以谁的视角在叙述？作者为什么要从这个角度讲述故事？换成其他人来讲述行不行？这些论题教师不必急着给出所谓标准答案，可留给学生深入思考，甚至可让学生尝试以其他人的视角来叙述这个故事，看看效果如何。在教学中，教师也应提出一些关于文本细节的难度适中的小问题，帮助学生加深对作品的理解，同时增强学生的自信心与阅读兴趣。如文中有哪些场景环境描写？这些描写起到什么作用？钱夫人看到这些场景后有什么反应？作者这么写的意图是什么？通过课堂讨论，以学生分析为主，老师引导为辅，共同得出合理的答案。

高校语文教学中引导学生主动参与、亲身体验十分重要，比如，学习《游园惊梦》的意识流手法时，可分组组织学生进行自由联想，相互交流意见，通过亲身体验，学生能更直观地理解到意识流的特征：意识流是一种自由联想，它随着人的意识流动到哪里就是哪里，比如，看到火车，会想到西藏或其他任何地方，或是任何相关的其他事物；但意识流又并不是无联系的意识碎片，从一个联想到另一个联想之间，必然暗含了一点联系，便是这些联系形成了意识的"流"动。在了解意识流的基本概念后，教师可接着详细介绍意识流作为一种小说流派的特点，而后请学生思考：《游园惊梦》中的意识流与西方意识流小说有何不同？作者为什么要采用意识流的手法？有什么好处？时间充裕的情况下可组织课堂讨论，亦可布置为练习题，留给学生课后研究。

四、戏剧教学

（一）戏剧教学开展的意义

开展戏剧教学有利于提高学生创作能力、理性思维能力及表达能力。作为高校语文学科主要教学内容之一，戏剧教学在学生语文素养提高上起到了不可忽视的作用。在对戏剧教学开展意义进行分析时，需要注意的是，戏剧教学不是要学生学会表演，而是体验戏剧中尖锐的矛盾冲突的社会意义以及高超的艺术形式，从而实现对传统文化的传承与传播，同时，在教学过程中加深学生对传统优秀文化的了解，有利于在文化熏陶下促使学生形成优质品格，塑造学生良好形象。戏剧教学对学生来讲有较强吸引力，主要是由戏剧教学内容的多样化，以及丰富的教学手段决定的。教师可通过组织相应的戏剧表演活动，要求学生扮演文本中某一特定角色，并在相应的情景下进行对话，从而在轻松的氛围下，掌握戏剧阅读知识，有利于促进学生心理成长，并帮助他们对语文阅读教学本质有更好认识，使得学生自觉参与到阅读教学实践中，并在戏曲教学的有序开展下，培养学生多方面的能力。

（二）戏剧教学实施策略的分析

通常运用在语文戏剧教学中的策略包括阅读介绍和拓展延伸等，其中阅读在语文教学实践中有着普遍意义，在阅读文本的过程中，能调动学生多个器官的协调作用，促使学生深刻理解并感悟作品内涵，与作者在思想层面上达成共鸣，进而丰富学生感情，培养他们的语文素养。阅读在戏剧教学上同样是重要的教学环节，戏剧的表现形式主要包括文字和舞台表演两类，在研究戏剧时，不能忽视其文学性特点，需要在对戏剧文本有充分理解的前提下，演绎戏剧中的人物形象并达到预期表演效果。阅读戏剧文本是演出的前提条件，为了确保文本细节内容的完整呈现，要采取文本精读的方式，紧抓戏剧文本特征进行情感的分析，以便凸显戏剧艺术魅力。例如，教师在讲解戏剧文本时，要求学生针对其中某一场景进行细致阐述，利用自己的语言将戏剧文本信息表达出来，深入体会其中蕴含的情感等，在精读戏剧文本后，能为戏剧表演的顺利进行提供保障，并且促进戏剧教学的高质量和高效率完成。因此，我们认为阅读介绍是重要的戏剧教学策略之一，要做到将这一策略切实落实到戏剧教学中。另外，戏剧教学中还需要应用拓展延伸这一策略，旨在让学生以教材为主，探索更加宽广的戏剧世界，在实施这一策略时，教师应考虑到学生接触戏剧的机会较少，在一段时间学习后，他们对戏剧文本的认识还没有达到较深入的层次。因此，在鼓励学生欣赏戏剧作品时，要遵循由易至难、循序渐进的原则。例如，教师可将教材中编写的戏剧作品和其他优秀作品结合起来分析，促使学生对这些作品进行对比分析，在对不同戏剧的相似点有所掌握后，使得学生初步掌握戏剧文本特点，为之后的戏剧知识学习提供基础条件，并在拓展延伸这一教学策略实行下，丰富学生戏剧知识，体现出重要的运用价值。

五、实用文体教学

（一）高校实用文体教学的重要性

实用文体在社会进步上有着重要运用意义，高校实用文体教学的高效开展，能够为社会发展提供实用人才。我国目前已经形成了幼儿教育、中小学教育以及高校教育在内的完整教育体系，有利于提高学生综合能力，并且将实用文体教学贯穿在学生发展各个阶段，可确保学生逐渐掌握较广阔的实用文体知识，进而提升他们的语文素养。相对高校阶段的实用文体教学而言，与社会生活联系更加紧密，考虑到学生即将踏入社会开始职业生涯，因此，在教学内容设置上，大多选择工作实践中可能运用到的操作行为和理论知识等，从而提高教学内容在培养学生操作实践能力上的适用性。在学习应用文写作的过程中，掌握良好的训练技能，能够为高校学生以后的工作起到有效的帮助。在当前，不少企业在招聘过程中，对应用文写作能力都提出了要求，企业的招聘人员也将其设定为录用的标准之一，所以在高校语文教学的过程中，开展应用文写作训练，不仅仅能巩固学生的专业知识学习能力，同时对于其以后的职业发展有很大帮助。因此，我们认为高校实用文体教学的开展，能为学生后续工作学习奠定坚实基础，进而发挥高校语文阅读教学培养实用人才这一功能。

（二）实用文体教学实施策略

为了加强实用文体教学效果，需要首先做到思想观念的及时转变，教师应提高自身专业素养，并充分认识实用文体教学的重要意义。在进行实用文章教学时，大部分教师认为教学难度过大，主要是学生缺乏实践经验，教学内容枯燥无味，因而导致实际教学中存在教学模糊化和简略化的现象，出现这类现象的原因为教师在进行实用文体教学时的专业度不足。因此，需要教师能注重自身专业素养的提高，通过向学生传授实用文体知识，来促进学生的良好发展。首先要求教师从认识层面做到实用文体教学重要性的有效认知，并在教学实践中，形成重视实用文体知识传授的意识，促使文体教学在语文阅读教学体系上占有重要地位。同时，教师还可通过多阅读实用类书籍，丰富自身的理论体系，例如，大多数语文教师应多与相关专业人才沟通交流，借鉴先进的实践经验，以便为之后教学活动的开展提供有利条件，并且教师还要通过参加实用文体教学座谈会、社会调查研究等社会实践活动，吸收先进的教学思想和社会实践经验，进而提高教师专业素养。另外，在实践操作方面需要注意的是，实用文本教学的开展，主要教学目标在于帮助学生掌握一定量的实用文本知识，从而在理论知识作用下，确保操作实践过程的顺利进行。同时操作实践活动的组织，有利于加深学生对理论知识的掌握，因此，需要保证实践操作课程的合理设置，如教师在讲解演讲词相关内容时，可在理论知识全面传授的基础上，组织学生参与到演讲实践中，从而为学生知识运用提供广阔平台，有助于实用问题教学目标的实现，进一步保证学生整体语文阅读能力的提升。对于实用文体教学而言，旨在加大对学生实践动手能力的培养，如在科技类文章的教学中，要促使学生掌握一定实用技巧，进一步鼓励学生在已有知识体系基础上进行创新发展。再就是在教学方法上尽量突出"主体性"与"实用性"特征，即充分发挥学生主动参与实践的激情，采用切实有效的实践锻炼，让实用文体教学落到实处。一是结合所学专业合理安排课程内容，可以根据学生的学习专业，抑或是其未来就业意向来进行应用文的写作训练。比如，经管系的学生，可以对招标书、合同等财经类的文章进行写作训练；而工程类专业的学生，主要可以训练调查报告这一类的应用文，而在"常见文书"的训练中，可以针对通知、条据、会议纪要等内容进行引导，同时结合各个行业的实际工作需求，安排针对性较强的写作训练内容。二是创造情景，模拟训练。例如，社会上包括学校不时会有一些计划、通知、总结等常用文书，教师不妨模拟校运动会、校园招聘会等活动情景，让学生展开仿真训练，在"策划协商"的教学环节中，可以安排工作计划、会议纪要的教学任务；而在"公布消息"的环节中，可以安排通知学习的训练内容；"采购"环节中可以引入条据教学；"活动完成"后可以开展各类总结学习任务等。通过情景创设的方法，强化学生的应用文写作能力。三是分类指导，互助学习。可采用专题讨论、分类训练的方式，根据学生爱好兴趣和基础差异分别列出不同专题，自由选测训练重点，然后相互交流成果，促进教学效果的提升。首先，在课前阶段，教师可以布置出一些针对性的教学任务，让学生以小组的方式，对应用文例文进行收集，不妨收集多篇同一类型的应用文，各个小组成员认真分析这一类型应用文的格式、特点，并鼓励小组代表在课堂上展示自己的分析成果。其次，要结合情境教学的内容，让学生对应用文中的角色进行扮演，比如，学生在进行求职信的写作训练时，可以扮演"求职人员"和"招聘人员"，结合相关的文体知识，对求职信的要求进行分析。最后，在学生完成表演后，教师可以在其讲解基础上进行引导与总结，对相关的文体知识进行梳理。

第六章　创新写作教学

第一节　高校写作教学的任务

一、提升学生的书面表达能力

（一）学生语文书面表达能力基本结构

有关书面表达能力结构的划分，已经有研究资料对此进行了充分论述，有研究者认为写作属于一种特殊能力，主要由审题、立意、组材、表达及修改等多种能力组成，另外，还可从写作心理过程角度出发，来进行写作能力的分类分析，并将其划分为观察及分析能力、确定中心、审题能力以及语言表达能力等要素组成，要求创作者同时具备上述能力，以便得到高质量创作作品。还有研究者从思维品质方面着手，将写作结构划分为灵活性、敏捷性、深刻性以及创造性等多种思维品质。写作是一个考验创作者多方面能力的过程，因此，需要做到对写作能力的充分掌握，以便有针对性地提高写作能力。另外，利用定量的方法对学生写作能力结构加以研究分析，可将其划分成写作能力要素、词汇量要素以及词语能力等。

各个研究者针对写作能力结构组成的划分主要分为六种能力，包括审题能力、收集材料能力、立意能力、整理材料能力、语言表达能力以及修改能力等。在进行写作教学时，要注重对学生进行上述能力的培养，以便确保学生具备较高的写作能力。

（二）书面表达能力对学生发展的重要意义

书面表达能力在学生发展上的重要意义主要体现在以下方面：一是提升学生语言能力。书面表达能力通常被看作是一种综合能力，是阅读写作教学的重要目标，需要在写作实践过程中，加大对学生书面表达能力的培养。由于书面表达能力被看作是语文发展的核心能力，相较于阅读能力等其他能力来讲尤为重要，确保语言知识的充分积累，才能达到较好的写作状态。同样，书面表达能力不断提升，有利于带动其他能力发展，如对个体语言能力的提升有明显作用，能通过写作训练的开展，丰富学生语言体系，进而达到较好的语言能力。二是促进学生观察能力的提高。观察是写作的起步，需要凭借自身经验有计划性地对生活进行重新认识，通过观察才能获取大量写作素材，从而扩展学生写作思路。观察是一种体现出层次性的思维活动，重点在于对事物内在的把握。因此，在提高学生书面表达能力时，势必会促进学生观察能力的提高。书面表达能力可看成是提升观察力的有利促成因素，在观察能力培养上起到保障作用。因此，需要在对书面表达能力在个体发展上的促进作用有所掌握的情况下，有针对性地组织写作教学活动，进而发挥写作教学在学生语文素养培养上的积极作用。

（三）对于培养学生书面表达能力的建议

语文写作教学在提高学生书面表达能力方面有重要意义，为了充分发挥语文写作教学功能，有必要从以下几点出发，对学生进行书面表达能力的培养。首先，应注重基本功练习。书面表达是语文知识的结合运用，不仅要求知识积累量充足，语句运用准确，还要求字迹清晰，语句通畅，因此，要从基础训练着手培养学生书面表达能力。在实际教学时，教师应引导学生积累日常阅读中遇到的有借鉴意义的语句，并在练习实践过程中，能通过合理运用语文知识来将其内在思想表达出来，为之后的书面表达奠定基础。其次，还应注重课上的限时训练。语文写作训练包括审题和具体写作等环节，在审题阶段要求学生根据已知材料，收集写作主题信息，在对写作主题有所把握的基础上，再次搜索知识体系中已有知识，通过知识的运用，初步形成一个的写作框架，在实际写作过程中，要求学生通过语言表达技巧的运用，将自身写作风格及情感等表达出来。为了达到较好的写作训练效果，应限定学生在规定时间内完成写作训练，有利于激发学生潜力。总的来讲，教师在进行语文写作教学时，应充分认识这类教学活动在提升学生书面表达能力上的积极作用，进而从这一角度出发，有针对性地选择教学方案及教学内容等，从而完成教学任务，为学生未来发展奠定基础，是写作教学重要价值的体现。

二、提高学生的思辨能力与健康思想

（一）学生思辨能力及健康思想本质特征

从本质层面来对待学生思辨能力，可将其看作是体现个体理性思维能力，并反映出个人理论素养的一种能力。思辨指的是深思明辨，高校学生在思考问题时可能存在思维片面性、思考简单化等缺陷，无法做到对客观事物本质特征的深入认识，因此，在开展教学活动时，要针对学生身心特点，在明确教学任务的基础上，针对学生存在的思维不足进行培养，尤其应加大对他们思辨能力及逻辑能力的培养，而语文写作教学活动的组织，能有效实现上述教学目标。另外，语文写作教学实践开展过程中，还有利于学生心理健康发展，为学生提供多样化写作素材，能帮助学生及时掌握社会热点问题，并在吸收多种观点的情况下，达到自身对客观事件的明确判断，进而促进学生心理良好发展。具体来说，思辨能力的提升及心理健康发展是学生发展过程中需要实现的主要目标，从它们的本质来看，主要与学生理性思维能力有关，这就决定语文写作教学能起到促进学生思维能力提升及心理健康发展的作用。

（二）提高学生思辨能力的教学策略

要想取得理想的语文写作教学效果，在教学实践中，需要采取适当的教学策略，以便提高学生的思辨能力。

首先，应营造平等对话的教学氛围，鼓励学生在对话过程中掌握思辨能力。对话式教学是语文学科主要采取的教学方法，要求教师能充分认识对话理论，真正的对话式教学应是在基于真诚合作的条件下，以创新和知识探索为主要目标，尊重学生思想并要求学生具备独立的批判意识，在上述情况下可保证语文写作教学取得较好效果。因此，教师在开展语文写作教学时，要鼓励学生将自身看法讲出来共同讨论，进而为学生提供思辨空间，培养学生的思辨能力，同时在学生掌握一定语文知识的同时，可促进他们心理健康发展。

其次，在实际教学时，还应激发学生写作学习兴趣，调动学生思辨积极性。目前学生大多被动地获取知识，课堂上师生互动较少，主要是由于在教学过程中，学生言语权得不到足够维护，并且教师留给学生思辨的空间和时间较少，导致学生疲于思考。为了解决上述问题，需要充分落实学生课堂主体地位，引导学生积极思考，逐渐树立学生问题意识，促使学生养成独立思考习惯，从而提高学生思辨能力。由于写作教学主要教学内容包括研读教材文本、积累经典美文等方面，在学生掌握足够的写作素材后，便可运用写作技巧创作出体现自身风格的文章，这一过程需要学生具备自主学习意识、思辨意识等，需要学生在明确判断写作主题后，综合运用多种语文知识。因此，可以认为写作实践的推移，有利于学生思辨能力的提升，在收集资料和讨论过程中，实现知识的延伸，使得写作教学课堂高效开展。

最后，为了加大对学生思辨能力的培养，在进行语文写作教学时，还应转变表达理念，鼓励学生通过利用多种表达形式进行内容阐述，不仅有利于提高学生语文素养，还能丰富语文教学内容，在培养学生思辨能力上有重要意义，同时有助于学生心理健康发展。例如，在进行写作教学时，教师可要求学生利用口头表达的方式，通过组织演讲、辩论和新闻评论等活动，有利于提高学生表达能力，并训练他们的思辨能力。上述形式对学生来讲有较大吸引力，学生会自觉准备演讲材料，通过选题、素材收集、修改演讲稿和琢磨演讲技巧等环节的完成，最终达到较好的演讲效果。在上述过程中，学生会力求选题的新颖独到，确保演讲角度新鲜，话题能引起共鸣，因此，采取上述教学方法，势必会完善学生知识体系，锤炼学生心理，可将这个过程看作是一次重要的思辨训练。另外，辩论活动的组织，同样能充实辩论知识储备量，同时能在辩论过程中提高学生的反应能力。总的来说，学生在进行写作训练时，要求学生能凭借自身各方面能力，来完成写作任务，尤其在学生审题和收集写作素材等过程中，需要学生独立思考，合理选择写作技巧，从而确保写作教学课堂的顺利开展。

三、培养学生独立自主精神和实事求是的文风

（一）高校语文写作教学在培养学生独立自主精神和实事求是文风上的积极作用

随着素质教育在高校写作教学上的充分落实，使得写作教学将培养学生独立思维、提高学生创新能力作为主要任务，突破传统教育理念的限制，以激发学生自主学习意识和自主思考意识为主，选择自主学习的方式，为语文写作教学发展注入活力。在进行语文写作训练时，通常要求学生通过利用已经掌握的写作技巧，形成体现独特写作风格的文章，因此在写作过程中，更多注重学生创新思维和独立思考意识的运用，以便突出文章创作价值。在不断实践中，将促使学生逐步形成独立自主精神，能自行进行审题和素材收集等，并在借鉴其他优质文章的基础上，丰富自身写作素材体系，进而为写作练习奠定基础，这是提高学生语文写作能力的关键。同时学生写作能力的提升，将带动其他能力得到良好发展，如他们的独立自主精神，将在教学实践开展过程中逐渐强化。另外，写作教学主要任务还体现在培养学生实事求是的文风上，由于学生写作训练都是在基于一定写作素材的条件下开展的，对学生而言，写作过程便是对已有素材进行整合和

有效阐述的过程，要求学生能做到实事求是，确保创作出的文章有参考价值。高校学生在论文写作、新闻稿编写等方面都需要运用到自己的写作能力，因此，高校语文写作教学的开展有重要意义，在写作教学实践活动不断开展下，有助于提高学生的写作能力，并促使他们形成实事求是的文风，是高校写作教学在学生发展方面重要意义的体现，将进一步实现学生整体能力的提高。

（二）培养学生独立自主精神及实事求是文风的几点建议

1. 改变写作教学观念及方法

心理学有关研究表明，高校学生相较于高中生来讲，其心理层面已经发生了明显变化，已经产生了摆脱各种约束的独立倾向。这种情况下，学生更多希望在交往过程中被人尊重和理解，在实际写作教学时，要重视学生这种独立倾向并做适当引导，促使这种倾向逐渐形成珍贵的独立精神，这是促进学生全面发展的关键。为了取得预期写作教学效果，要及时转变教学观念及方法，重点关注学生独立思考及独立判断等能力的培养，独立思考能力是重要的思维品质，并且是学生进行一系列创造性活动的基础。提升个体的独立判断和思考能力应作为教育首要目标，从而全面培养学生能力。要想实现上述教学目标，应帮助学生养成习惯思考的行为特点，尊重学生看法，并针对学生疑问合理设计教学重点，写作教学在开展过程中要重点关注对学生否定意识的培养，包括对教学内容和写作理论的质疑，以及对观念的否定等，进而将学生独立倾向逐渐培养成一种珍贵品质。另外，需要让学生习惯提出自身想法，促使学生从新颖的角度分析文章。在写作教学中，学生写作已经逐渐成为一种概念化、公式化的文字游戏，无法保证学生在写作时运用自身独特观点，导致写作教学质量不高。因此，在教学活动中，要注重加大对学生独立思考能力的培养，教师应在明确课程整体规划的基础上，利用多样化教学方法来激发学生思考积极性，避免学生利用固定写作模板完成写作训练。在教学中要引导学生及时提出自身观点，从而引导学生将创新思维运用到写作实践中，增强他们的独立自主精神。

2. 提供开放的写作环境

在教师开展写作教学时，要起到培养学生独立自主的作用，在掌握学生心理变化特点的基础上，为其提供相应的教学内容及教学方案，从而提高语文写作教学效果。要想满足教学任务高效完成的要求，则需要为学生提供开放的写作环境，以便激发学生写作欲望。任何事物的形成都要依靠外部条件，对于创新思维来讲，在培养学生这一思维品质时，要为其提供自由、开放的学习环境，在这种环境下，有利于学生快速吸收写作知识和信息，将这些内容传递至大脑中，促使大脑处于兴奋的思维状态，从而激发学生创造性思维，为写作实践的良好开展奠定基础。高校写作教学本身便为开放学习环境的营造提供了有利条件，可通过组织职业生活体验活动、假期实践活动、文化考察课、社会调查等，使得学生能在多样化教学活动组织下，为创新思维的运用提供开放空间。具体来说，学生在进行写作实践时，将涉及多种能力的应用，通过提升学生写作能力，可进一步带动学生独立自主精神的培养，并且严格要求学生的写作质量，促使他们能借助大量写作素材，得到体现创新精神的文章，进而培养学生形成实事求是的文风，这是进行写作教学时要重点注重的内容，从而提高学生语文素养。

第二节　高校学生写作规律及心理特点

一、高校学生写作的一般规律

写作是一个人思维的外在表现，不同文化背景的人有其不同的风格特征，这里指的是写作行为的共同规律，概括而言，高校学生写作规律主要体现在以下几个方面。

一是语言和思维的协调运用。写作具有实践性特点，这一特点决定写作通过语言文字完成，即是需要在实践活动开展过程中实现思维结果向物化的转移，从写作欲望到布局构思到句式、词语的选择直至完成创作的整个过程都离不开思维的运用。文章内容中条理性的体现关键在于看写作主体是否具备有条理的思维逻辑，只有在确保思维清晰的条件下，才能保证文章语序的规律性，得到高品质的创作作品。语言运用的好坏，一定程度上由写作主体思维能力的强弱来决定，与语言结构规律性的体现联系不大，需要在保证思维清晰的情况下，按照语言运用规则来完成写作。因此，在学生进行语文写作时，势必要遵循语言与思维协调运用的规律，语言作为信息的载体，在传达信息时，要做好信息的加工和处理工作，这一过程主要是借助思维的运用来完成的，可以说思维在语言表达上起到主导作用，要注重思维在语言运用效果上的决定作用。

二是在实际写作过程中，还需要遵循四体相继相成的规律。这一规律指的是在写作主体进行创作时，离不开"四体"（主体、客体、载体、受体）中的任一元素，当存在某一因素运用不当时，都会导致写作行为出现中断现象，因此，有必要保证写作过程中明确写作主体、写作内容、写作技巧的运用以及写作面向对象，保证上述元素形成统一整体。正是在多个写作因素相互制约的情况下，才能形成一个完整的写作系统，为写作过程的顺利开展奠定基础。写作主体即指处于写作状态下的个体，会受到客观因素的影响而产生写作欲望，进而进入写作行为这一过程，这时写作主体的感受、行为等与其他处于常态的人有明显差异。对学生来讲，当其成为写作主体后，将对周边事物更加敏感，并希望通过情感的融入来提高作品层次，以便引起受众共鸣。写作客体则指的是被描述的对象，通常将与写作主体存在某种联系的客观事物称作是写作客体，包括一切被描述的精神世界以及物质世界等，写作客体是多样化的，需要创作者结合写作需求，从客观事物中收集相关写作信息。写作载体主要是指进行写作的工具，包括语言文字符号和由文字符号及写作结构结合而成的写作成果。文章主要起到传递信息的作用，从创作过程来看，其又是精神产物的物化形态。可将写作载体看作是形成写作行为的、借助语言材料文字按照一定规律排列起来并传递信息的系统，由主题、材料、语言等多个基本要素组成。写作受体指的是写作行为的接受对象，即文章接收者，写作受体通过阅读文章来接收信息，需要完成认识文字、转换文字信息等过程。由此可见，写作受体在接收信息时，主要是基于对语言符号的认识。为了确保写作行为活动取得理想效果，有必要加大对上述写作因素的掌握，并能在明确写作主题的条件下，获取高质量文章，是学生进行写作实践时要严格遵循的规律，以免出现写作行为中断等现象，不利于学生写作能力的提升。

三是知行融会贯通的规律。知与行的融合是创新的重要基础，创作者要在明确认识融会贯通道理的基础上，处理好借鉴、创造之间的关系，对文章质量的提高有重要意义。借鉴已有的优质文章，在汲取其中优点的同时加入创造性内容，是提高写作水平的关键，利用先进的写作经验，来指导高校学生写作实践，可保证写作行为活动的有序开展，同时在已经掌握一定理论知识的情况下，需要通过不断实践，来实现理论的消化和吸收，并在实践中得以检验和发展。在实践基础上，理论知识可无限发展，学生写作能力便是在反复认识和实践中提高的。写作要做到继承和借鉴，同时离不开革新和创造，需要在上述行为有效完成的情况下，最终达到写作水平提高的目的。因此，高校学生在进行写作时，要确保知和行融会贯通，进而在对写作规律有明确认识的情况下，保证写作行为活动的顺利进行。

二、高校学生写作的心理特点

（一）独立性

在对高校学生写作心理特点进行分析时，发现主要体现出独立性特点，这与高校学生心理变化有关。随着高校学生独立倾向的凸显，他们更倾向于在写作过程中独立完成审题、素材收集和整理等，进而达到预期的写作效果。学生在写作时体现出的独立性心理特点，对学生写作水平的提高有积极意义，教师在写作教学过程中，要注重对学生写作独立性的培养，从而提高学生写作意志。在日常的写作教学中，教师应引导学生明确写作目的及意义，促使学生对写作有充分认识，并能在此基础上确保学生写作行为的规范性。大多数学生在进行写作时，通常存在独断性和盲目性的问题，主要体现在容易受到外界因素干扰，导致学生写作目的容易被改变，缺少写作原则。并且写作独断性还体现在学生在没有充分把握写作规律时，对教师指导意见重视程度不够，容易造成写作大方向出现偏差。针对上述问题，教师在制定教学方案和教学内容时，要优先考虑学生写作时独立性这一心理特点，做适当引导，进一步提高学生写作水平。

学生独立性心理特点应主要体现在选材与立意等方面，如果引导得当，能做到结合自身意愿来独立完成，加强学生在抵制外界因素干扰方面的能力，以确保写作行为活动的顺利开展。为了确保学生写作能力的提升，在实际写作教学时，应做到以下几点：一是避免抄袭现象，语文教师在布置写作任务时，要严格控制学生文章雷同的现象，要求学生能保证写作过程中体现独立性特点，并且在平常的写作训练中，可鼓励学生根据其感兴趣的内容选择写作主题，并能在充分调动已有知识的情况下，丰富写作内容，保证写作实践活动在充足素材的基础上顺利开展。另外，文章写作时要凸显写作主体独到的思想。在实际写作实践的过程中将自己的想法表达出来，并通过文字形式将自己的写作思想传递给受众，要避免写作过程中受到别人或者外界因素干扰，进而导致文章缺少新意。高校学生情感和心理层面都逐渐走向成熟，这就促使学生在进行创作时，更倾向于创作体现自己写作风格的文章，为了帮助学生将这种心理倾向逐渐发展成独立自主的思维品质，教师则需要在学生写作实践中，引导他们将自己的独立意识运用到实际创作中，并对学生进行指导，明辨是非，确立正确的价值取向，促使学生将自身优势发挥到极致。

（二）求异性

高校学生在进行写作实践时，还体现出求异性的心理特点，主要体现在学生为了突出文章新颖程度，在素材选择和写作技巧运用等方面与他人不同。学生写作时的心理特点主要与学生心理变化有关，相较于高中阶段的写作而言，高校学生写作更多借助理性思维，追求文章在依据事实根据的情况下实现质量的提高，并且希望通过写作素材的特殊选择，来吸引受众阅读文章。为了尊重学生求异性这一心理特点，实际写作教学时，教师应鼓励学生将创新思维与写作融合起来，利用生活资源作为写作基本条件，并通过观察来获取较多写作素材。只有在对生活实际进行观察及感受的情况下，才能保证文章写作与生活经验的有机结合，不仅促使文章体现出创作主体的个性特点，还容易引起受众共鸣。因此，注重对学生写作创造力的培养，是确保学生文章体现独特鉴赏价值的关键，同样能保证教学方法的选择满足学生求异性的写作心理特点，是加强语文写作教学效果的关键。

（三）理智性

除了上述写作心理特点外，高校学生在写作实践中还表现出明显的理智性心理特点，如学生在收集写作素材后，将根据素材提供的信息，并按照一定的写作原则进行创作，在整个写作过程中，能明显感受学生严谨性和理智性的特点。因此，教学实践中，要加强对学生写作原则、写作活动流程等方面的教育，以促使学生能在基于大量素材的条件下，合理选择写作手段，确保文章具有较高参考价值。另外，学生理智性写作特点对教学内容的设计也有一定影响，由于高校学生理智性心理特点在写作过程中的体现，因此，需要教师能选择内容精练的优质文章，通过鼓励学生学习其中的写作策略等，促使学生能凭借写作方法和技巧，将理性思维充分体现在文章内容中，进而获取高质量的文本内容。

第三节　提高高校学生写作能力的基本途径

一、提高认知能力

（一）提高学生的抽象及概括能力

对学生写作技能的培养应主要以抽象及概括能力为主，并在此基础上，实现学生认知能力的提升，这是由于理性思维能力的根本便是抽象及概括能力，而抽象思维在发展学生写作技能方面起着引领作用。因此，为了加大对学生认知能力的培养，有必要从提高其抽象及概括能力这一角度出发，以便真正发挥高校写作教学在培养优秀人才上的作用。人们借助思维开展一系列工作，并通过抽象和概括，将写作内容的实质和多个要素间的规律性关系展现出来。不同写作主体的抽象及概括能力有所差异，这就决定创作出的文章在层次和精确程度上有所不同，从这一角度来看，个体抽象及概括能力将直接决定文章质量，需要在确保抽象及概括过程有效开展的情况下，为写作实践的开展奠定基础。例如，高校语文教师在组织写作教学活动时，将为学生提供具有观赏价值的电影或者纪录片等，要求学生在欣赏影片后，对其主要内容进行概括，旨在利用有限文字将影片内容揭示出来，并吸引受众观看影片。如在对电影作品《罗拉快跑》进行内容简介时，要求学生能从电影想表达的思想出发，通过阐述罗拉在多次尝试中获取的成果，并借助人物性格特点分析和事件阐述等，使得受众对这一电影作品有充分了解。通过利用这种教学方法，能在一定程度上提高学生抽象及概括能力，进一步保证学生在进行写作时，能在较高认知能力的作用下，利用精练的文字将文章主题呈现出来，有利于提高学生写作水平，并加深他们对写作实践的认知。

（二）正确处理理解、实践及发展的关系

写作过程是一个逐渐深化的过程，实质是从了解再到使用等多个层次的过程，需要教师在充分掌握写作教学实质的情况下，帮助学生掌握相关写作知识，并将其运用到写作实践中。学生认知能力的提升便是在这一过程中实现的，学生在进行知识学习时，势必会经过从明白到初步掌握的过程，在将理论知识运用到实践中后，能有效提高学生面对写作实践时的认

知水平，有助于学生把握写作素材信息，通过整合多种写作素材，为写作行为的顺利开展奠定基础。学生认知能力可看作是对写作本质的认知，以及对素材的处理水平等，只有在保证学生理论传授课程和实践课程结合起来的条件下，才能发挥写作教学功能，进而提升学生认知能力。在写作教学中，教师可主要从认识理解、拓展应用等方面着手，确保学生对写作行为活动各方面要求有基本了解，并能根据相关要求来进行写作。总的来讲，认知能力是写作能力体系中的主要组成部分，要想提高学生整体写作水平，有必要从认知能力提升这一方面着手，真正做到学生在写作时，明确写作原则和写作行为规范，在不断实践中实现自己写作认知能力的提升。

二、锻炼表达能力

（一）作文主题贴近学生生活实际

为了提高学生表达能力，应确保写作训练能激发学生写作欲望，进而促使学生积极参与到写作教学活动中。写作训练是针对某一具体作文主题开展的，需要确保作文主题的选择与学生生活实际联系紧密，从而方便学生写作素材的积累，并且有利于调动学生写作兴趣。高校学生已经积累了一定量的写作知识，高校时期的写作能力培养应主要通过提高其理性思维能力、创造能力以及认知能力和表达能力来实现，写作本身是一种实践性较强的行为活动，需要借助语言文字的载体作用来实现文章内容及情感的精准表达。在写作主题布置上要满足高校学生写作训练需求，尽可能通过写作主题的合理选择来调动学生写作欲望，从而在实践过程中提升其语言表达能力。例如，教师可针对学生关注的社会热点问题，包括共享单车大量报废等问题进行讨论，在讨论中使得多种观点产生碰撞，保证学生在吸收多种观点的情况下，逐渐完善自己的理论体系。之后可要求学生以这一问题为写作主题，并利用已经掌握的理论知识来写作，确保学生在清晰的思路下，有序开展写作行为，以保证文章质量和可信度。在上述写作训练持续进行下，有利于提升学生语言表达能力。同时在清晰的理性思维作用下，可保证学生将自己的观点通过文字传达出来，确保语言应用的合理性，并在不断推敲修正的过程中，将文章主旨利用有限文字呈现出来。

（二）设计适当的写作情境

为了获取较好的写作教学效果，还应在写作教学课堂中营造适当的教学情境，即通过对目标事物进行形象化描述，促使学生在适宜的环境气氛下，运用自身情感和思维，实现文章内在情感的充分表达，并提高文章质量。通过环境的设置，能使得学生产生融入其中的真实感，能更好地感悟文章主题，进而在明确文章主旨的基础上，运用语言文字表达出来，同样能起到提升学生表达能力的目的。例如，大部分教师在开展写作教学活动时，会根据教学内容营造相应的写作氛围，通过组织辩论和演讲等活动，引领学生快速进入课堂教学中，在这一环境下，加深学生对文章主题的认识，并引导学生从多个角度出发进行观点阐述，在借助语言文字符号及相关文章结构来展现文章主题时，势必要求学生具备一定的表达能力。在写作实践中，教师应引导学生注重自身表达能力的提高，并使其作为写作训练的主要目标，激发学生写作训练的积极性，并且在适当的写作情境中，引起学生情感上的共鸣，从而丰富学生创作文章中的情感层次，促进学生表达能力的提升。

三、问题发现能力

（一）克服观念障碍

为了提高学生的写作能力，有必要从学生问题发现能力这一角度出发，通过加大对这一能力的培养，来最终实现学生较好的写作技能的形成。在实际写作教学时，要求教师能及时转变教学观念，不仅注重对学生知识的传授，还要培养学生发现问题的意识，使得学生真正认识发现问题这一能力在写作能力提升上的重要意义。目前还有部分教师在学生发现问题能力培养上存在不足，主要是由于受到传统观念的影响，但是需要注意的是，大多数学生都具备发现问题的潜能，需要通过设计符合学生能力发展的教学内容，进一步促进学生良性发展。例如，教师在针对某一写作主题进行讲解时，可鼓励学生针对教学内容提出质疑，通过讨论来挖掘写作主题涉及的问题，包括写作角度、写作素材以及写作方法等，通过加大对学生发现问题能力的培养，有利于激发学生的写作学习兴趣，并进一步提高他们的思维能力。教师有意识地引导学生进行发现问题方面的训练，通过实践活动的开展，学生问题的发现将达到一定深度，进而在问题的引导下，获得较高水平的文章。总的来说，发现问题这一能力对学生写作技能的整体提升起到重要作用，需要在教师教育观念及时转变的基础上，加大对学生发现问题意识的培养，以便真正实现学生这一技能的提升。

（二）提高学生知识积累

为了提高学生问题发现能力，还要保证学生具备一定的知识储备量，以便为学生对写作问题的深入探讨提供基础条件。教师应在丰富学生知识体系上投入较多精力，通过为学生提供多样化的写作教学内容，在教材的基础上进行知识延伸等，来促使学生获得完善的写作知识体系。对于问题发现能力来讲，主要是通过思维的形式展现出来，但是这一能力的体现需要依靠扎实的基础知识，从而确保发现的问题是有价值的。有研究学家指出，知识量与创造积极性之间存在一定关联，个体的创造能力可在较小信息量的条件下产生，也能在充分的信息资源下产生，但是随着信息规模的扩大，在以信息为基础得到的创造性成果，它的现实性以及参考价值将更大。由此可见，知识与信息的不断增多是创造的前提，同样是发现问题的根本条件。在写作教学过程中，要逐步增加知识涉及范围以及知识获取难度，从而为学生发现问题能力的提升奠定基础。对于高校学生来讲，他们已经接触过多种类型的写作素材，基本实现了写作知识量的有效积累，但是还需要在这个基础上不断吸收社会新的信息资源。教师在帮助学生积累广阔知识基础的同时，还要注重知识质量的提高，即在掌握一定数量知识的前提下，做到知识组织体系的完善，例如，教师通常在进行写作教学时，针对某一特定的主题进行知识总结，确保多类知识内容的整合，在进行知识积累过程中，还需要做到不同类型知识间的紧密联系，确保写作知识处于一种有序和谐以及结构完善的储存状态，为学生写作训练提供知识基础，并且能在掌握一定的知识后，加深问题的深度和难度，进一步提升学生写作能力。

四、提升审美能力

（一）在确定文章主题时提升审美能力

在写作教学中对学生审美能力进行培养时，需要在其确定写作主题的过程中加大对这一能力的培养力度。文章主题指的是作者在写作时运用多种材料来呈现出的中心思想，通常贯穿在文章全部内容中，明确体现作者意图。通过对文章主题的分析，能了解作者在文章中表达出的对客观事物的认识理解等，主题同样是文章信息的凝聚点，直接决定文章基调及情感。

为了培养学生审美能力，教师应帮助学生在写作时确定积极向上、具有新意的主题，并在选材过程中提升学生对客观事物美的感知以及认知能力。在确定写作主题过程中，便是将作者自己情感取向融入其中，这就决定主题选择阶段与审美能力有一定联系，需要通过对这一过程进行适当指导，来达到提高学生审美能力的教学目标。在实际选择写作主题时，教师应以教材为主，为学生提供具体可感的材料，并从多种角度出发，将文章中的情感引进高校学生写作实践中。为了引起学生和写作主题情感层面的共鸣，需要保证教学内容体现的思想情感水平和学生心理发展水平基本一致，以确保学生能获取较高程度的情感体验。另外，教师在指导学生在写作过程中融入情感时，要紧密结合写作形象来进行写作，尤其应重点指导写作形象真正打动学生的内容，进一步激发学生的富余愿望，这是提高学生审美能力的有效途径，从而带动学生写作技能的提升，这也是写作教学实践中应重点完成的任务。

（二）在文章结构布局中提升审美能力

提高文章的整体审美价值，需要注重文章结构的合理设置，在实际写作时，需要保证文章结构体现出完整性以及连贯性，从而确保文章整体结构满足文章高质量的要求。同时通过对文章结构布局的教育，有利于提高学生在布局文章结构上的审美能力，从而获得高质量写作作品。首先从完整度角度出发，文章中不同局部需要整合成统一整体，遵循文章局部适应文章整体的写作原则，确保文章局部及整体之间的必然联系。体现文章结构整体性的关键在于，使文章局部和整体表达同一主题，能将作者写作思路清晰呈现出来。对于抒情文、说明文和应用文等不同文本形式来讲，在其情感起伏变化以及写作格式等方面，都需要有效结合起来，避免由于某个环节存在问题，影响文章的整体质量。例如，教师在进行文章结构讲解时，需要针对某一类型文章，对其前面的暗示内容，以及后面的说明内容等进行阐述，以便帮助学生形成完整写作结构的意识，使得文章整体连贯起来，达到整体结构的协调和完整。另外，从连贯性这一角度出发，只有在保证结构连贯性的条件下，才能确保文章结构是完整的。为了达到这一写作目的，要求文章能做到在意念上互相贯通，在表达形式上有效衔接，进而带给读者较好的阅读体验，文章结构的连贯性不应受文章内容的影响，需要通过利用理性思维，将文章涉及的材料信息以及观点等系统地表达出来。以郁达夫的《故都的秋》为例，文章始终围绕对故都的秋的依恋这一主题，使得文章整个语言的运用都达到统一的语言表达效果，借助情感表达使得文章结构连贯起来，进而使得文章具有较强的逻辑性。总的来讲，在写作实践的整个过程中，需要作者具备较强的审美能力，同时通过不断的写作实践，能逐步提升作者的写作能力，进而为其写作实践过程的顺利进行提供保障。

（三）在语言运用中提升审美能力

写作是运用语言表达思维的过程，而"语言一半是事物的代名词，一半是精神情感的代名词，它是事物同精神之间的一种媒介体"。在写作教学中怎样提高学生语言运用能力是教学中的难点。从写作心理学、词汇学、美学等理论基础观照写作行为，需要从如下方面加以重视。

首先，要强化学生审美修养。中国自古就有"文以载道"的说法，这是文章写作的价值追求。刘勰在《文心雕龙·原道》篇中说："'文'的本质乃是'道之文'。"而"道"在儒道两家中的解释有一定区别，儒家的道是指社会政治理想，反映人的生存态度；道家的"道"是人对天地自然的认识而产生的人生观、社会观与自然观。虽然各自站在不同角度阐释道的内涵，但两者都离不开人的因素。写作是客观事物作用于人的主观感受的能动反映，"原天地之美达万物之理"，文章的好坏主要取决于"道"的高下，而"道"的高下又取决于作者心灵境界。作者心灵境界是对宇宙、人生哲学的思想认识深度和审美品位。提高写作审美品位首要的是消除功利，心无杂念。中国哲学的最高境界是"天人合一"，作为万物之一的人，当然也应该具备这样的本质。王维之所以能做到"诗中有画，画中有诗"，正是因为他"胸次洒脱，中无障碍，如冰壶澄澈，水镜渊渟，洞鉴肌理，细观毫发，故落笔无尘俗之气，孰谓画诗非合辙也"。① 写作教学的目的

---

① 张泰捷.谈"虚静"与中国绘画的创作 [J].艺术教育，2008（3）：116-117.

就在于培养学生摆脱名利等各种杂念的羁绊束缚，以便精神的骏马自由驰骋在艺术天地。除此之外，还要加强艺术熏陶，高校写作教学离不开对语言艺术技巧的追求。只有置身于美文美言的熏陶感染中，人的心灵才能获得净化与升华。孔子曰"仁者乐山，智者乐水"，审美和艺术在人们为达到"仁"的精神境界而进行的主观修养中能起到一种特殊的作用。因此，深情体验美文美语是高校写作教学不可或缺的途径。

其次，要增强语感，培养措辞技能。语感是对语句的总体感觉，用词是否恰当准确得体，表达的内容与形式是否令人愉悦。措辞的技能是动笔当下时刻集中发挥作用的功能，包括语感能力和思维能力。所以在高校写作教学中的语感能力与思维能力的培养至关重要。思维能力前面已述，这里主要就语感能力培养做一些探讨。在文学领域，语言的情感表达作用比它的事物指示作用显得更为重要，信息的获得和情感的体验都可以从中得到，但情感的体验应该是更为根本的东西。语感的培养在传统的教学中积累了丰富的经验，主要体现在三方面。一是多读多练，这是最为常见的语感培养方法。"书读百遍，其义自见""熟读唐诗三百首，不会作诗也会吟""善读者，始熟读而明其章句，继融会而究其义蕴"等正是古人读书的经验之说。反复阅读能将注意力集中到文本的内容里，感受理解其意境与思想，同时体会文章的节奏音韵之美。熟练地记忆，对文本的接受既是词语的积累，也是构句、成文模式的强制性植入。这样的强化训练，学生的语言感知速度和敏锐程度会极大地提高。二是品味语言，理解字词的深情意味，懂得赏析。韩愈在《答尉迟生书》中说："辞不足不可以成文。"一个人所掌握的词汇量与他的写作智商是成正比关系的。所以要经常留心自己的语言，经常观摩别人的口头语和书面语，这是增强语感力的又一途径。三是善于运用语言。生活与实践是语言发展和创新的源泉，生活的丰富多彩，不断变化，提供语言实践的无限空间，生活中的语言也是最丰富、最鲜活的，而且生活中的语言最能及时敏捷地反映时代文化，一个优秀的作家之所以能写出经典作品，就在于他有丰富的生活体验与语言技巧。尤其是当今全球化的进程中，民族语言的国际化趋势越来越明显，所以高校语文写作教学中重视语言的积累义不容辞。

五、加强交流与沟通

（一）情境创设策略

交流及沟通能力是写作能力中的重要组成部分，通过加强对学生交流及沟通能力的培养，可进一步提升学生的写作能力。在实际写作教学中，可采取情境创设这一策略，以便为学生营造教学情境，促使学生融入交流环境中，促使他们能基于交际语境来进行写作实践。高校学生已经具备了一定的写作知识和经验，还需要在这个基础上，加大对他们抽象概括能力的培养，能做到对文章主题的准确把握。出现写作实践中写偏题现象的主要原因在于，学生没有做到将写作主题和生活情境结合起来，由于对文章语境掌握不足，导致文章质量低下。因此，教师应注重教学情境的营造，通过为学生提供交流沟通的平台，不仅有利于学生对文章内涵的掌握，还能促进学生交流沟通能力的提高，进一步为学生写作实践的进行奠定基础。通过情境创设策略的实施，可为写作教学的开展提供有效途径，并在加大对学生交流沟通能力培养的条件下，提升学生写作技能。

（二）目标导向策略

目标导向策略指的是基于交际语境进行写作时要有明确目的，交际通常指的是为了达到一定写作目的而展开的行为，而写作主要是为了解决某一特定问题而进行的。目前高校写作教学中，加大了对学生交流和沟通能力培养的重视，并希望在提高学生这方面能力的基础上，促使他们的写作实践活动顺利进行，利用清晰的理性思维和写作知识，形成完整的文章结构，并做到有效处理文章细节。沟通与交流能力一定程度反映出学生思维能力和交际能力，对最终写作效果有直接影响，因此，有必要通过教学策略的实施，促进学生多方能力的综合发展。而目标导向策略在语文写作教学中的运用，能有效实现上述教学目标。例如，教师可通过明确写作目的，促使学生认识到写作教学主要是为了交际进行的，需要真正认识写作本质，进而树立学生交际意识，能利用自身的交流与沟通能力，来达到写作目的，发挥文章的信息传递作用。设定教学方向时，应保证教学实践围绕社会交际展开，以便符合学生提高交际能力的发展需求，是目标导向策略法在提高教学质量上积极作用的体现，从而在学生具备较高交流沟通能力的基础上，提高学生的写作水平。

参考文献

[1] 王荣生. 语文教学之学理 [M]. 北京：商务印书馆有限公司，2022.01.

[2] 孙立华. 基于核心素养的语文教学实践 [M]. 北京：线装书局，2022.01.

[3] 樊洁，崔琼，单云. 语文课堂教学创新实践研究 [M]. 长春：吉林人民出版社，2021.10.

[4] 方相成，林忠港，毛然馨. 语文精准教学原理及案例评析 [M]. 杭州：浙江大学出版社，2021.09.

[5] 吴忠湘，冯桂华. 核心素养背景下高校语文教育教学研究 [M]. 长春：吉林大学出版社，2022.11.

[6] 张海燕. 高校语文教育教学对策研究 [M]. 长春：吉林文史出版社，2021.

[7] 兰娟. 高中语文高校课堂教学研究 [M]. 北京：团结出版社，2021.

[8] 李川川. 信息时代背景下大学语文教育研究 [M]. 北京：中国大地

出版社，2020.09.

[9] 司新华.语文教学的高阶策略:基于学科本质的创新实践 [M].重庆:西南师范大学出版社，2020.08.

[10] 刘俊司.高校语文教育教学研究 [M].长春:吉林文史出版社，2020.06.

[11] 高校语文课堂教学与创新 [M].汕头市:汕头大学出版社，2020.01.

[12] 段全林.语文教学论与实践探索 [M].上海:上海交通大学出版社，2020.

[13] 李玉红.文学鉴赏与语文教学研究 [M].长春:吉林人民出版社，2019.11.

[14] 尹友.新媒体环境下写作教学研究 [M].成都:电子科技大学出版社，2019.06.

[15] 范开田，范语砚.大学语文教育研究 [M].长春:吉林出版集团股份有限公司，2019.04.

[16] 王双同.大学语文教育研究 [M].北京:中国商务出版社，2019.03.

[17] 徐茂成.论大学语文教学方法的创新 [J].课外语文，2018（25）：9.

[18] 闫敬芳.名著阅读基础下高校外国文学教学方法创新 [J].文化产

业，2020（14）：154-155.

[19] 毛燕兰．信息时代下的高校语文教学的创新策略研究 [J]. 新教育时代电子杂志（教师版），2020（43）：218.

[20] 聂辉．创新教学方法，凸显中职语文职业特色 [J]. 教育现代化，2018（18）：37-38.

[21] 崔凤玲．新时期大学语文教学方法创新研究和探讨 [J]. 北方文学，2019（32）：232，234.

[22] 山西省朔州职业技术学院，杨桂枝．新时期高校语文教育教学方法分析 [J]. 天津教育（下半月），2018（1）：230.

[23] 王淑梅，闫红，韩忠治．论大学语文教学方法的创新 [J]. 河北农业大学学报（农林教育版），2009（2）：223-226.

[24] 丁彦．高校语文教学中应用文写作的教学策略剖析 [J]. 卷宗，2021（6）：269.

[25] 肖独伊，李明清．"翻转课堂"在大学语文教学中的创新应用 [J]. 教育现代化，2019（76）：170-172，181.

[26] 魏鞿．新文科建设背景下高校语文教学改革探索 [J]. 智库时代，2022（23）：157-160.

[27] 代娜．"互联网＋"教育背景下教学创新策略研究——谈高校汉语言文学 [J]. 教育教学论坛，2023（11）：157-160.

[28] 桂小敏.高校中文教学如何培养学生创新思维 [J].课外语文,2021（12）：49-50.

[29] 韩艳玲,韩芳.大学语文课程思政教学改革的优势、困境及对策 [J].潍坊学院学报,2021（1）：83-86.

[30] 覃翠萍.浅谈高校语文教学中文学作品的鉴赏 [J].颂雅风,2019(7).

[31] 吕丹.应用型高校大学语文特色教学模式探析 [J].黑龙江科学,2016（13）：90-91.

[32] 徐伟伟.浅谈大学语文教学模式的创新改革 [J].广东蚕业,2017（6）：85.

[33] 高颖婷,徐一凡.高校大学语文课程思政协同路径探析 [J].新疆开放大学学报,2022（3）：28-32.

[34] 徐博文.创新创业教育在高职院校大学语文教学中的渗透 [J].课外语文,2016（27）：164-165.

[35] 庹梦婷.过程性评价在"大学语文"教学中的探索与实践 [J].河北能源职业技术学院学报,2022（2）：90-92,96.

[36] 冷淑敏.关于《大学语文》课程思政教学改革的几点思考 [J].科学咨询,2020（32）：131.

[37] 蒋旭阳."三全育人"背景下高校语文教育创新探赜 [J].成才之路,2020（27）：15-16.

[38] 赵倩，张德岁 . 高校应用文写作课程教学趣味性提升方法探究 [J]. 黑龙江工业学院学报（综合版），2019（12）：18-23.

[39] 田会云 . 大学语文教学设计特点及实施措施探究 [J]. 文化创新比较研究，2020（1）：91-92.

[40] 王骁 .《大学语文》课程核心素养的培养方式研究 [J]. 语文教学之友，2021（9）：5-8.